シドニー

JN023486

シドニー

通貨

A$ **1**＝**71**円

（2020年3月現在）

日本との時差

プラス1時間

（サマータイム実施時は2時間）

人口

約**523**万人（2018年統計）

面積

約1万2368㎢

言語

英語

日本からのアクセス

成田国際空港、羽田空港、関西国際空港、新千歳空港（季節運航便）からシドニー国際空港へ直行便が運航している。フライト時間は9時間30分〜10時間。

タビトモ

シドニー

海から見るシドニー・オペラ・ハウス

Contents

シドニー・ハーバー・ブリッジの夜景

ブルー・マウンテンズに広がる
ユーカリの森

ハンター・バレーのブドウ畑

マークの見方

- **交** — 交通（駅など基点となる場所からのアクセス方法と所要時間の目安を表示）
- **⊤** — シドニー・トレイン
- **住** — 住所
- **電** — 電話（現地の電話番号を市外局番から掲載。国際電話のかけ方はP81）
- **時** — 時間
- **休** — 休日（基本的に定休日のみを表示。復活祭やクリスマス、年末年始、国の記念日など祝祭日については省略）
- **料** — 料金（基本的に大人料金を掲載。ホテルの場合、1室1泊あたりの宿泊料金の目安。）
- **日ス** — 日本語スタッフがいる
- **日メ** — 日本語メニューがある
- **Ⓑ** — B.Y.O.可（酒類持込み可能。ただし持込料が必要な店もある）
- **Ⓛ** — （酒類販売の）ライセンスあり

アクア・ダイニングの
テラス席からの景色

その他注意事項

★この本に掲載した記事やデータは2020年2月の取材、調査に基づいたものです。発行後に料金、営業時間、定休日、メニュー等の営業内容が変更になることや、臨時休業等で利用できない場合があります。また、各種データを含めた掲載内容の正確性には万全を期しておりますが、おでかけの際には電話等で事前に確認・予約されることをおすすめいたします。なお、本書に掲載された内容による損害等は、弊社では補償いたしかねますので、あらかじめご了承くださいますようお願いいたします。

★通貨…オーストラリアの通貨はオーストラリアドル（A$）です。A$1=71円（2020年3月現在）。

★地名・物件名…なるべく現地語に近い発音で表示しています。

スマホで見られる！

- ●当コンテンツはJTBパブリッシング発行「ひとり歩きの会話集」の抜粋版です。完全版は書店等でお買い求めください。
- ●海外では通信料が高額になる場合があるため、コンテンツは国内であらかじめダウンロードされることをおすすめします。
- ●初回利用時には「るるぶ&more.」の会員登録をお願いします。会員登録後「購入手続きへ」に進むと、クーポンコードを入力できます。
- ●Android、iOSのほか、PCでも閲覧できます。
- ●ダウンロード後は、オフラインでコンテンツを閲覧できます。

英会話電子（抜粋）版

- ●電子版のご利用にあたっては、以下の利用規約を適用します。
https://books.jtbpublishing.co.jp/content/terms/
- ●電子版の詳しい使い方は、以下の「ご利用ガイド」をご覧ください。
https://books.jtbpublishing.co.jp/content/help/
- ●利用方法などのお問合せは以下からお願いします。
https://books.jtbpublishing.co.jp/inquiry/
※お電話でのお問合せは受け付けておりません。
- ●本サービスは予告なく内容を変更することや終了する場合があります。

クーポンコード
q5gy9jd764

出発前に!

シーズン

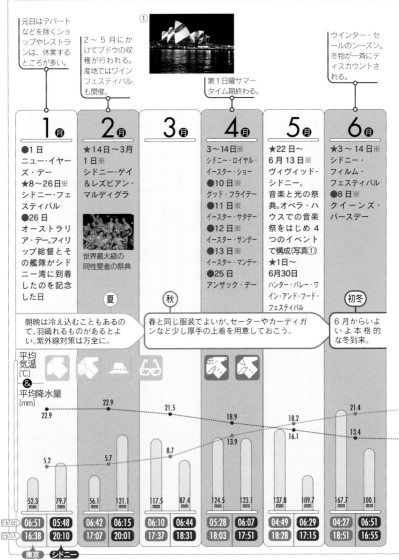

元日はデパートなどを除くショップやレストランは、休業するところが多い。

2～5月にかけてブドウの収穫が行われる。産地ではワインフェスティバルも開催。

第1日曜サマータイム期終わる。

ウインター・セールのシーズン。冬物が一斉にディスカウントされる。

1月

- ●1日
ニュー・イヤーズ・デー
- ★8～26日※
シドニー・フェスティバル
- ●26日
オーストラリア・デー。フィリップ総督とその艦隊がシドニー湾に到着したのを記念した日

2月

- ★14日～3月1日※
シドニー・ゲイ&レズビアン・マルディグラ

世界最大級の同性愛者の祭典

夏

3月

秋

4月

- 3～14日※
シドニー・ロイヤル・イースター・ショー
- ●10日※
グッド・フライデー
- ●11日※
イースター・サタデー
- ●12日※
イースター・サンデー
- ●13日※
イースター・マンデー
- ●25日
アンザック・デー

5月

- ★22日～6月13日※
ヴィヴィッド・シドニー。音楽と光の祭典。オペラ・ハウスでの音楽祭をはじめ4つのイベントで構成(写真①)
- ★1日～6月30日
ハンター・バレー・ワイン・アンド・フード・フェスティバル

6月

- ★3～14日※
シドニー・フィルム・フェスティバル
- ●8日※
クイーンズ・バースデー

初冬

朝晩は冷え込むこともあるので、羽織れるものがあるとよい。紫外線対策は万全に。

春と同じ服装でよいが、セーターやカーディガンなど少し厚手の上着を用意しておこう。

6月からいよいよ本格的な冬到来。

平均気温[℃]
&
平均降水量[mm]

	1月		2月		3月		4月		5月		6月	
平均気温	5.2	22.9	5.7	22.9	8.7	21.5	13.9	18.9	16.1	18.2	13.4	21.4
平均降水量	52.3mm	79.7mm	56.1mm	121.1mm	117.5mm	87.4mm	124.5mm	123.1mm	137.8mm	109.7mm	167.7mm	100.1mm
日の出	06:51	05:48	06:42	06:15	06:10	06:44	05:28	06:07	04:49	06:29	04:27	06:51
日の入	16:38	20:10	17:07	20:01	17:37	18:31	18:03	17:51	18:28	17:15	18:51	16:55

東京　シドニー

●…祝日　★…イベント　※…年によって日付が変更するもの。上記は2020年1～12月のもの。

Check

② シドニー・オリンピック授賞式の花束に使われたことでも有名な NSW 州の州花ワラタが見頃。

③ クリスマス・デーは多くの店が休みになる。ボクシング・デーの翌日からサマー・セールが開催。

第1日曜サマータイム期はじまる。

7月	**8**月	**9**月	**10**月	**11**月	**12**月
	★9日※ サンヘラルド・シティ・トゥ・サーフ。8万人以上が参加するファン・マラソン	★20日※ シドニー・マラソン ↑ オペラ・ハウスを目指すランナーが市内を走る	★3～5日、9～11日※ ルーラ・ガーデン・フェスティバル(写真②) ●5日※ レイバー・デー	★23日～1月1日※(2019年データ) マーティン・プレイス・クリスマスツリーライトアップ。巨大ツリーのライトアップで、街はクリスマスムード一色に	●25日 クリスマス・デー ●26日 ボクシング・デー ★31日 ニュー・イヤー・イブ・ファイヤーワークス(写真③)
冬		春			夏

日本の冬ほど寒くはないが、防寒用のセーターや厚手のコートが必要。

暖かい日が多いので、日本の春と同じような服装で OK。天候が最も安定し、観光のベストシーズン。

晴れの日が多く、紫外線が強い。

	7月	8月	9月	10月	11月	12月
最高気温	25.0	26.4	22.8	18.2	19.8	21.8
最低気温	12.5	13.7	16.2 17.5	17.5	12.1	7.6
降水量	153.5mm / 70.1mm	168.2mm / 81.2mm	209.9mm / 60.9mm	197.8mm / 55.4mm	92.5mm / 72.4mm	51.0mm / 71.4mm
日の出	04:29 / 19:01	04:49 / 18:45	05:13 / 18:08	05:36 / 17:25	06:03 / 16:46	06:32 / 16:28
日の入	07:01 / 16:57	06:50 / 17:14	06:18 / 17:35	06:37 / 18:55	06:00 / 19:19	05:38 / 19:47

※気温、降水量は理科年表と気象庁統計データによる。シドニーの11～3月の日の出、日の入時刻は、サマータイム期のもの。

シドニー旅のハイライト
Sydney Travel Highlights

シンボルであるシドニー・オペラ・ハウス、シドニー・ハーバー・ブリッジ、珍しい動物たち、広大な大自然、グルメやおみやげまで、魅力を厳選してご紹介。

ジョーン・サザーランド・シアター
オペラやバレエなどが上演されるオーストラリア屈指のオペラ劇場。座席数1507席

絶対に見逃せない 観光スポット❶

シドニー・オペラ・ハウス

シドニー湾に突き出た岬の立地を最大限に生かし、セイル型の屋根が美しいシドニー・オペラ・ハウスは、建築以来シドニー観光の目玉。シドニー湾からの遠景も間近で眺めても絵になる。

ゆるやかな曲線美の独創空間

シドニー・オペラ・ハウス
Sydney Opera House   `MAP P107D1`

1973年に完成したコンサート・ホールなど6つのホールをもつ複合施設。球体を分解して並び替えたユニークなデザインが特徴で、その高度な建築技術から2007年には世界遺産にも登録された。内部はツアーで見学可能。
DATA 🚇①CIRCULAR QUAY駅から徒歩6分
⊞Bennelong Pt. ☎(02)9250-7111

内部見学ツアーに参加しよう
所要 30分

日本語ガイドが秘話を織り交ぜながら内部を案内。観劇しなくてもコンサート・ホールかオペラ劇場が見られる(例外日あり)。

シドニー・オペラ・ハウス・ツアー・ジャパニーズ
The Sydney Opera House Tour Japanese
DATA ☎02-9250-7250 時10時、11時、14時30分、15時30分、16時30分に開催 休なし 料A$30
●申込先:1階のウェルカムセンター。ボックス・オフィスでも可。

全景
シドニー湾の対岸がお手軽ベストスポット。順光で撮るなら午後からがベスト

コンサート・ホール

抜群の音響効果を誇り、交響楽、オペラ、ジャズコンサートなども開催。座席数2679席

モニュメンタル・ステップ

正面入口にある巨大階段。下部のフォアコートで開催される野外イベントも要チェック

→フォアコートから上ることができる。サーキュラー・キーを見下ろすことも

オペラ・ハウス Best View

ハーバーブリッジから

海の対岸に位置する橋の上から、オペラ・ハウスを中心にシドニー湾とその向こうに広がるシティが一望できる。遊歩道やバイロン展望台から眺めよう

フェリーから

やや斜め前方から見上げる姿が美しい。航路によっては真正面から撮影することもできる

夜景

遅くまで人通りがあるシドニー湾の対岸からが安心。海の上に浮かび上がる姿は幻想的

シドニー旅のハイライト
Sydney Travel Highlights

展望台に登って眺める

南側の塔門にあり、200段の階段を上ると海面から87mの位置にある展望台に到着。内部には橋の建築に関する資料が展示されている。

パイロン展望台 Pylon Lookout `MAP P107C1`
DATA ☎02-9240-1100 働10〜17時 休なし
料A$19

↑眼下には一面に広がるシドニー湾が

503m

絶対に見逃せない観光スポット❷

シドニー・ハーバー・ブリッジ

シドニーを代表するもう1つのランドマークとして世界中にその名を知られている。湾沿いからの眺めはもちろん、橋上の歩道や展望台の上からの雄大な眺めもお楽しみのうち。

横幅世界一の巨大鉄橋

シドニー・ハーバー・ブリッジ
Sydney Harbour Bridge `MAP P107C1`

1932年に完成した全長1149m、最大幅49mの鉄の橋。4本の塔をもつアーチ橋で「古い洋服掛け」ともよばれる。南東の塔にあるパイロン展望台からはシドニー湾やオペラ・ハウスの絶景を一望できる。徒歩で渡ることも可能。

DATA 交Ⓣ CIRCULAR QUAY駅から徒歩15分
住South East Pylon of the Sydney Harbour Bridge

オペラ・ハウスから

シドニー湾の対岸に位置するオペラ・ハウスから撮影すると、アーチの鉄骨組みの美しさが際立って見える。バックに橋を入れて記念撮影するのも◎

橋のてっぺんから眺める

アーチの上を歩くシドニー屈指の人気アトラクション。海抜134mのアーチ頂上から見るシドニー湾は絶景のひとこと。かなりスリリングだが安全対策はバッチリなので、ぜひ挑戦してみよう。

ブリッジ・クライム BridgeClimb

DATA 🚇 TCIRCULAR QUAY駅から徒歩10分
🏠3 Cumberland St. ☎(02)8274-7777 🕐8〜17時(土・日曜は8時30分〜、季節により異なる)
🈺なし 💰A$268〜403、日本語ツアーはA$308〜333

💬高いところが大好きな人なら一度は体験してみたい

134m

SHOPPER HOPPER

～ ハーバー・ブリッジ Best View ～

クルーズ船から

ノース・シドニー付近から見たハーバー・ブリッジ。真下から仰ぎ見るショットもGood

ルナ・パークから

橋の北側にある公園からは、遠くにオペラ・ハウスが見られ、シドニーの2大シンボルを1枚の写真に収められる。橋を下から見上げると迫力満点

夜景

遠景の夜景は意外に地味。対岸のノース・シドニー側からオペラ・ハウスを入れて撮ろう

シドニー旅のハイライト
Sydney Travel Highlights

シドニーではコアラ抱っこが法律で禁止されているよ。記念撮影でがまんしてね♪

オーストラリアには国有種がたくさん！
はじめて出会う珍しい動物たち

オーストラリアにしか生息していない固有の生物がたくさん。有名な動物から珍しい動物まで勢揃い！

コアラ Koala

一番人気の愛くるしい動物。いつも眠っているので、起きている姿を見られれば幸せな気分に。

豪州の固有種が大集合
ワイルド・ライフ・シドニー
Wild life Sydney Zoo

MAP P47B2

オーストラリアの自然環境を再現した館内で、コアラやワラビー、カンガルー、エリマキトカゲのほか、鳥類や蝶、昆虫など、固有種100種1000匹以上もの生物たちを間近で見ることができる。シー・ライフ・シドニーと同じ建物内にある。

DATA ➡P47

おみやげGET!

カンガルーの耳ヘアバンドA$6

カンガルー Kangaroo

長い尻尾と強靭な足腰をもち、跳ねるように歩く有袋類。小型のものはワラビーとよばれる。

ジュゴン Dugong

つぶらな瞳が愛らしい海棲哺乳類で人魚伝説のモデルになった。豪州では北部海岸に棲息。

Have you met?

カクレクマノミ Clownfish

『ファインディング・ニモ』でおなじみ。イソギンチャクに身を隠してひっそり暮らしている。

クォッカ Quokka

体長40cmのネズミカンガルー。昼間は地中で眠り夜に草原を徘徊する夜行性の動物。

ゴールデン・ポッサム
Golden Possum

森林に生息する体長50cmほどの有袋類。夜行性で雑食性。オーストラリアでも珍しい種類。

ウォンバット Wombat

カンガルーと同じ有袋類で体長は70〜120cmほど。ずんぐりした体型をした臆病な動物。

Rare Animals

ヒクイドリ Cassowary

体長1m70cmほどの飛べない鳥で、鋭い爪で攻撃することもある。北部の熱帯雨林に生息。

ペレンティ・オオトカゲ
Perentie Tongue

体長2mを超えるオーストラリア最大のトカゲ。アボリジニの言葉ではゴアナともよばれる。

エリマキトカゲ
Frilled Lizard

日本で一世を風靡したかわいらしいトカゲ。怒ったときにエリマキを開いて威嚇する。

リトル・ペンギン
Little Penguin

豪州南部の海岸に生息する世界一小さいペンギン。フェアリー・ペンギンともよばれる。

カモノハシ Platypus

大きなくちばしと水かきが特徴の単孔類。南部の河川などに生息する珍しい生き物。

南半球で最大規模を誇る水族館

シー・ライフ・シドニー
Sea Life Sydney Aquarium

MAP P47B2

南氷洋から熱帯域までの多彩な環境を再現した巨大な水槽では、まるで水中にいるような気分に浸れる空間が広がり、見上げたり、のぞき込んだりと、観察の仕方もさまざまだ。人魚伝説のモデルといわれるジュゴンなどの生物が暮らしている。

DATA →P47

おみやげ GET!

⬇ジュゴンぬいぐるみ(大)A\$23、(小) A\$13

➡リトル・ペンギンぬいぐるみA\$20

シドニー旅のハイライト
Sydney Travel Highlights

シドニーから足をのばして近郊へ

超ど級スケールの大自然

雄大な自然を体感するならシドニー近郊に出かけてみよう。
足をのばす価値のあるネイチャー系必訪スポットはコチラ。

ブッシュウォーキングで森林浴しよう

ポート・スティーブンス
Port Stephens

MAP P102B1

シドニーから車で2時間30分

イルカ見学で名高いポート・スティーブンスはエコツアーの地としても人気の場所。クルーズで愛くるしいイルカたちに出会ったあとは広大な砂丘へ。急な坂を4WD車で登ったり、真っ白な砂丘を滑降する砂すべりは迫力満点のアトラクションだ。

DATA ➡P73

↑爽快感抜群の砂すべり

野生のイルカ見学＆砂丘で砂すべりしよう

↑人懐こいイルカたちとご対面

シドニーから車で40分

コアラやカンガルーとふれあう!

コアラの背中を撫でたり隣に立って一緒に写真撮影（一日中開催、無料）ができる。カンガルーやワラビーなども放し飼いで餌付けも可能。

フェザーデール・ワイルドライフ・パーク MAP P102A2
Featherdale Wildlife Park

DATA 住217-229 Kildare Rd. Doonside
℡(02) 9662-1644 時8〜17時 休なし 料A\$34

←↑固有の動物とふれあえるアクティビティも人気

エコー・ポイントから見たスリー・シスターズ

シドニーから電車で**2時間**

↑シーニック・ワールド（→P71）で3つのライドに挑戦

→谷底にはユーカリの林が広がる

↑一帯には無数のウォーキングコースが整備されている

世界遺産

ブルー・マウンテンズ
Blue Mountains　MAP P102A2

ブルー・マウンテンズは古くから親しまれている高原の避暑地。絶景の奇岩とユーカリの林に包まれた自然豊かな地域だ。高度感のあるアトラクションやブッシュウォークでこの地の魅力を存分に体験してみよう。

DATA →P70

気球に乗ってワイン畑を眺めよう

↑のどかな風景が広がるワイン畑の大地を空中散歩

シドニーから車で**2時間30分**

→ワイナリーでは試飲＆購入も可能

ハンター・バレー
Hunter Valley　MAP P102B1

この国のワイン発祥の地であり、現在も主要な産地のひとつでもあるハンター・バレー。120軒以上のワイナリーが点在する広大なブドウ畑を実感するなら、熱気球ツアーがいちばん。どこまでも続くワイン畑を堪能しよう。

DATA →P74

シドニー旅のハイライト
Sydney Travel Highlights

早朝オープンのカフェで

とびきりの朝食
Finest Breakfast

シドニーには早朝オープンのカフェが
たくさんあり、朝食メニューも充実。
おいしい朝ごはんで1日をスタート!

かの有名な
「世界一の朝食」※
はコチラ!

シドニーNo.1の朝食スポット

↑スクランブルド・オーガニック・エッグ
with サワードウ・トーストA$16.50

↑スイートコーン・フリッター withベー
コン&ロースト・トマト、ホウレン草
A$24.50

↑リコッタ・ホットケーキ with フレッシュ・バナナ&ハニーコーム・バターA$23.50

ダーリングハースト　MAP P109 C1　朝 昼

ビルズ
Bills

スターシェフ、ビル・グレンジャー氏が1993年に最初にオープンしたカフェ。ハリウッド・セレブが毎日食べたいと絶賛し、ビル氏も「世界一の朝食を作る男」としてさまざまなメディアに登場。そんな彼のレシピは、シンプルでフレッシュ、そしておいしいがモットー。特にシドニー中のカフェでブームを巻き起こしたリコッタ・ホットケーキは絶品。

DATA ➡P54

※世界一の朝食
レオナルド・ディカプリオやキャメロン・ディアス
らハリウッドのセレブが通いつめ、ニューヨー
ク・タイムズ紙で「世界一」と称された、伝説の
カフェ「ビルズ」の朝食メニューのこと。

←明るい色調のモダンな
木製家具が居心地のいい
空間を演出

シティ **MAP P37B3** 朝 昼 夜

バンビーニ・トラスト・カフェ
Bambini Trust Cafe

ヨーロッパのビストロを思わせるハイド・パークに面したカフェ。朝7時から営業しているため、地元ビジネスマンの朝食スポットとしても人気。イタリアンをアレンジした料理は、ランチにもおすすめ。

DATA 🚇 ⓣTOWN HALL駅から徒歩5分 🏠Shop7,185 Elizabeth St.📞(02)9283-7098⏰7～23時（土曜は17時30分～）休日曜 Ⓛ

←夜はワイン・バーにもなる

小粋なカフェ ハイド・パークに面した

➡朝食にピッタリのトマト&アボカドのバジル添え、ブレッド付きA$11.50

←にんじんとひよこ豆のサラダ1スクープA$8～。ひよこ豆と野菜をたっぷり彩り豊かに盛り付け

シティで働くシドニーっ子に評判

シティ **MAP P36A1** 朝 昼

クロス・イータリー
The Cross Eatery

オフィス街の一角にあり、バーガースタイルの朝食と豆にこだわったコーヒーが評判のカフェ。ポーチドエッグが絶妙な高級ハムサンドイッチや、野菜やハーブがぎっしり詰まった豚肉のサンドイッチなどが人気。

DATA 🚇 ⓣWYNYARD駅から徒歩5分 🏠155 Clarence St. 📞02-9279-4280 ⏰7～16時 休土・日曜

↑店内は白を基調としたモダンで開放的な雰囲気

サリー・ヒルズ **MAP P108A1** 朝 昼

シングル0
Single 0

ダイニングスペースと「SIDESHOW」とよばれるスタンドは常に多くの人で賑わう。香り豊かなコーヒーと一緒に贅を凝らした朝食メニューも楽しみたい。

DATA 🚇 ⓣWYNYARD駅から徒歩5分 🏠60-64 Reservoir St. Surry Hills 📞(02)9211-0665⏰6時30分～16時(土曜は7時30分～15時、日曜は8～15時) 休祝日

↓マザーシップ・ボウルA$17.50

↑テイクアウェイで楽しむ人も多い

カフェブームの立役者的存在

シドニー旅の ハイライト
Sydney Travel Highlights

食事しながら景観を楽しむぜいたく

絶景カフェ&レストラン

ランドマークが集中するシドニー湾周辺は、絶景スポットが目白押し。シドニーの街を象徴する景色を眺めながら、おいしい料理を味わえる店をセレクト。

海越しにシドニーの
2大シンボルを望む

モダン・イタリア料理　　**Aqua Dining**

アクア・ダイニング

キリヒリ　**MAP P104 B1**

シドニー湾の北側に位置し、オペラ・ハウスやハーバー・ブリッジを一望。オーストラリアの新鮮な食材を使い、地中海沿岸の各国料理のエッセンスを取り入れたモダン・イタリアンを楽しめる。料理に合うワインも充実。

DATA 🚇 ⓣMILSONS POINT駅から徒歩7分 🏠Corner of Paul & Northcliff St, Milsons Point 📞02-9964-9998 🕐12時～14時30分、18～22時 休なし Ⓛ

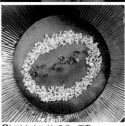

↑トマトとオニオンのチーズ煮（コースメニューの一例）

絶景view
海風が気持ちいいテラス席からの眺めは最高。人気が高いので予約がおすすめ。

→マンゴーとココナッツのソルベ（コースメニューの一例）

シドニー湾に最も近いオイスター・バー

モダン・オーストラリア料理
The Sydney Cove Oyster Bar

シドニー・コーブ・オイスター・バー

サーキュラー・キー **MAP P29B2**

自慢のカキはオーストラリア中からその時期で最高のものを仕入れる。約30年前のオープン時から生ガキを提供しており、シドニーに生ガキを食べる文化を根付かせた店のひとつといわれる。酒にもこだわり日本酒も用意。

DATA ➡P28

絶景view
テラス席のみの開放感抜群の店。海に限りなく近いロケーションがウリ。

➡カキ2種、ウチワエビモドキ、ブルースイマー蟹などを盛り合わせたシーフード・プラッター A$180

絶景view
ドゥズ岬にあり、シドニー湾越しに白く輝くオペラ・ハウスの優美な姿を望む。

洗練された空間で料理と景色を堪能

モダン・オーストラリア料理 The Dining Room

ザ・ダイニングルーム

ロックス **MAP P107C1**

厳選食材を使用した、季節感あふれるモダン・オーストラリア料理を楽しめる。アンガスビーフのグリル単品A$70〜やラム肉とローストカリフラワーA$39がおすすめ。とっておきの時間を過ごそう。

DATA 🚇①CIRCULAR QUAY駅から徒歩13分 🏨Level1,Park Hyatt Sydney, 7 Hickson Road, The Rocks ☎02-9256-1234 🕐朝食6時30分〜10時30分(土・日曜はホテル宿泊客のみ)、ランチ12時〜14時30分、アフタヌーンティー14時30分〜17時、ディナー18〜22時(土・日曜はランチ12時30分〜15時。※メニューによりLOは異なる) 🈂なし 日ス Ⓛ

➡エビやカキを盛り合わせたシーフード・プラッター A$200

➡看板メニューのカンガルーのタルタルA$26

地元っ子に愛される絶景ポイント

絶景view
同じ目線の高さでハーバー・ブリッジを一望。サーキュラー・キーの街並みも見晴らせる。

➡タコとナスのアーモンドクリーム和え A$29

モダン・オーストラリア料理
Cafe Sydney

カフェ・シドニー

サーキュラー・キー **MAP P29B2**

歴史ある図書館、カスタム・ハウスの最上階にある人気店。壁はガラス張りなので、シドニー湾の風景をパノラマで眺めながら食事ができる。正統派の料理は地元でも定評があり、特にシーフードやデザートの人気が高い。

DATA ➡P29

⬆カクテルA$21〜 (写真は一例)

シドニー旅のハイライト
Sydney Travel Highlights

シェフのこだわりが詰まった一皿

モダン・オーストラリア料理に舌鼓
Modern Australian Cuisine

美食の街として知られるシドニー。オーストラリアの豊かな食材と移民が持ち込んだ食文化が融合し生まれた独自の料理が魅力。思い出に残るグルメ体験をぜひ。

世界が認めるシドニー最強レストラン

◑手入れの行き届いた日本庭園を望むダイニング

◐和久田哲也氏

テツヤズ
Tetsuya's

シティ MAP P108A1

世界レストラン・ランキング※で常に上位ランク。和久田哲也氏による和とフレンチを融合した繊細な料理は、世界中のセレブをも魅了。10品のテツヤ・ワールドA$240は、トライする価値あり。予約必須。ドレスアップを忘れずに。

DATA ⊗ Ⓣ TOWN HALL駅から徒歩5分 億529 Kent St ☎(02)9267-2900 働12時～12時30分LO（土曜のみ）、17時30分～21時 ㊡日・月曜

※世界レストラン・ランキング
英国のグルメ雑誌『レストラン・マガジン』が毎年発表する世界のベスト50レストラン・ランキング。

季節によって替わるメニューはどれも繊細に盛り付けられている

アリア
Aria

サーキュラー・キー MAP P29B2

季節感を生かした創造性あふれる料理が評判のマット・モラン氏が展開するダイニング。ランチコースやディナーコースのほか、オペラ・ハウスでの観劇に合わせたプレシアターA$90～のコースもある。ワインの品揃えも豊富。

DATA ➡P29

コースの一例。料理自体も盛り付けもシェフならでは

数々のグルメ賞を受賞話題のスターシェフ

◑2大シンボルを一度に見渡せる絶好のロケーション

◐シドニーを代表するスターシェフ、マット・モラン氏

↑パッションフルーツのパブロバA$23

↑天井が高く開放的な空間で食事を楽しめる

↑料理本の執筆など、多方面で活躍するニール・ペリー氏

ロックプール・バー&グリル

Rockpool Bar & Grill

シティ

MAP P107C2

モダン・オーストラリア料理を確立したといわれる、ニール・ペリー氏が経営するグリル料理店。肉本来の味が楽しめると評判の熟成肉のほか、鯛の炭火焼A$49などシーフードも充実。ワインは3000本以上。

DATA 交Ⓣ WYNYARD駅から徒歩4分 住66 Hunter St. ☎02-8099-7077 時12〜15時(月〜金曜のみ)、18〜22時(木・金曜は〜23時、土曜は17時30分〜23時) 休土・日曜の昼

有名シェフが手がける高級グリル料理

ショートクラストビーフとギネスパイのマッシュピー添えA$39

ベントレー・レストラン&バー

Bentley Restaurant & Bar

シティ

MAP P107C2

斬新な食材の組み合わせで地元の美食家を虜に

毎年2シェフズハットを受賞する名店。スターシェフの証ともいえる「シェフ・オブ・ザ・イヤー」を2度も受賞したブレント・サバージュ氏は、意外な食材の組み合わせを駆使して美食家たちを魅了。ベジタリアンにも人気がある。

DATA 交Ⓣ CIRCULAR QUAY駅から徒歩7分 住Ⓗ ラディソン・ブルー・プラザ・ホテル・シドニー(→P79)内 ☎02-8214-0505 時12〜24時(土曜は18時〜) 休日曜

旬の素材を生かした、盛り付けも美しい料理の一例

↑風味豊かな料理を生み出すブレント・サバージュ氏

→季節替わりのシーフードA$24〜

↑シックなインテリアの落ち着いた空間

シドニー旅の ハイライト
Sydney Travel Highlights

Made in Australia
オーストラリア生まれの逸品

オージーブランドのお買い物

オーストラリア発のブランドは、日本でも人気急上昇中。素材にこだわり、デザイン性と実用性を兼ね備えたアイテムを現地でいち早くゲットしよう!

ファッション&雑貨 — *Fashion & Goods*

▶ シューズ&バッグ

アグ・シンス1974
UGG since 1974

アグはオーストラリアの伝統的なシープスキン製品の総称であり、アグ・シンス1974は日本でも人気があるアグブーツの専門店。

ショップ情報は⇒P30

←100%オージーメイドのクラシック・ミッドブーツA$179

➡トライバル・クラッチバッグA$104.95〜

↑スワロフスキーボタン付きデニムブーツA$499

▶ 帽子&バッグ

ヘレン・カミンスキー
Helen Kaminski

ヘレン・マリー・カミンスキーがオーストラリアの日差しから子どもたちを守るためにラフィアハットを作ったことから始まったブランド。機能性と実用性を兼ね備えた商品を取り揃える。

ショップ情報は⇒P36

↓丁寧に編んだ定番のラフィアハットA$275〜

↑大人気のサンバイザーA$195

▶ アクセサリー&雑貨

ダイナソー・デザインズ
Dinosaur Designs

ルイーズ・オルセンとステファン・オーマンディの2人によって設立されたシドニー発のアクセサリー＆ホームウェアブランド。ユニークな色鮮やかなハンドメイドが魅力的。

ショップ情報は⇒P51

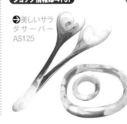

↑お部屋のアクセントになる一輪挿しSサイズA$85、MサイズA$190、LサイズA$230

←美しいサラダサーバーA$125

←ブレスレットA$55とおそろいのリングA$45

▶グッズ

ケン・ドーン・ギャラリー
Ken Done Gallery

オーストラリアを代表するアーティストであるケン・ドーンの作品のグッズをギャラリーにて販売。ランチョンマット、マグカップやTシャツなどを取り揃える。

ショップ情報は➡P31

➡イラスト入りキッズTシャツA\$39.95

➌名所が描かれたランチョンマットA\$19.95

▶ファッション

ビラボン
Billabong

ゴールドコースト発のサーフブランド。世界中のサーファーから支持されており、主にボードショーツなどの衣料品を手がける。

ショップ情報は➡P68

⬅前と袖部分にプリントありA\$49.99〜

➡ストレッチ素材を使った着心地抜群のボードショーツA\$49.99

▶雑貨

カントリー・ロード
Country Road

オーストラリアではおなじみのブランド。雑貨類からスーツ、男性もの、女性ものまで幅広く手がける。季節を問わず使えるのも人気。

ショップ情報は➡P66

⬅全5色揃うコットン100%のキッチンタオル各A\$12.95

➡店名入りのオリジナルマグカップ各A\$14.95

コスメ　　Cosmetic

イソップ
Aesop

メルボルン発のボタニカルスキンケアブランド。コストの8割を中身に使い、高品質でシンプルなパッケージが特徴。

➡保湿効果が高いアンチオキシダント ハイドレーターA\$73

➡ビタミンEを豊富に含むローズヒップシード リップクリームA\$15

ショップ情報は➡P50

モア
MOR

ディオン・セントモアとディアナ・バーマスの2人のコラボレーションで誕生したバス&ボディケアブランド。

➡ライチフラワー ハンド&ボディウォッシュA\$29.95

➡トリプルマイルドソープA\$9.95

ショップ情報は➡P37

ジュリーク
Jurlique

オーストラリアを代表するオーガニックコスメブランド。原料はオーガニック認証自社農園で栽培。

⬅バラの花びらのエキスが詰まったローズミスト バランシングA\$52

➡ハーブを配合したハンドクリームローズA\$29

ショップ情報は➡P37

パーフェクト・ポーション
Perfect Potion

ナチュラルスキンケア&オーガニックアロマブランド。日本でも人気がある。

⬅虫よけの効果もあるアウトドアボディスプレーA\$15.95

➡エッセンシャルオイルブレンド各A\$19.95

ショップ情報は➡P36

シドニー旅の
ハイライト
Sydney Travel Highlights

ティム・タム
A$3.65 Ⓐ Ⓑ
← フレーバーも豊富なチョコビスケット。オリジナルが一番人気

オーストラリアン・マカデミア
A$4.65 Ⓐ Ⓑ
← マカダミアナッツをミルクチョコでコーティングした定番みやげ

チョコレート
各A$1 Ⓐ Ⓑ
→ キャドバリーのコアラやカエルのシェイプのチョコ

リーズナブルで絶対喜ばれる

バラマキみやげ

オーストラリアの生活を支えているスーパーやファーマシーは幅広い商品展開で、バラマキみやげにぴったりのアイテムがてんこもり。お気に入りのアイテムを探してみよう。

ネラダ ティーバッグ紅茶
A$2.50 Ⓐ Ⓑ
→ アサートン高原で殺虫剤を使わずに栽培された茶葉を使用。50袋入り

チェリー・ライプ
A$4.60 Ⓐ Ⓑ
← チェリーとココナッツが入ったオージーに愛されるチョコ・バー。写真はトリートサイズ

パンケーキシェイク
A$2.90 Ⓐ Ⓑ
← 水か牛乳を入れて振って混ぜるだけでパンケーキ生地ができる

スネーク・グミ
A$4 Ⓐ Ⓑ
← 長いヘビの形をしたカラフルなユニーク・グミ

ミルクフレーバー・ストロー
A$2.20 Ⓐ Ⓑ
← 牛乳や水にさして飲むと、なんと即席ミルク・シェークに!

ヌーディーのフルーツ・ジュース
A$3.10 Ⓐ Ⓑ
→ 保存料を一切使用していない。果汁100%、400ml

タイニー・テディ
A$3 Ⓐ Ⓑ
← カエルなどの隠れキャラも入っているチョコレートコーティングのビスケット

セサミ・スナップ
A$2.50 Ⓐ Ⓑ
← コレステロールフリーで、ゴマたっぷりの健康スナック。ほんのり甘い

ミロのエナジー・バー
A$5 Ⓐ Ⓑ
→ 日本で入手できないレアもの

ここで買えます

Ⓐ ウールワース タウン・ホール店
Woolworth Town Hall

シティ **MAP P37B3**

コールスと並ぶ大手スーパーのチェーン店。

DATA ❌ⓉTOWN HALLからすぐ⛉Cnr. Park & George Sts.☎(02)9264-1927 ⓗ6〜24時(土・日曜8時〜)※祝祭日は営業時間変更あり❌なし

Ⓑ コールス・ ワールド・スクエア店
Coles World Square

シティ **MAP P108A1**

オーストラリアを代表するスーパーのチェーン店。

DATA ❌ⓉTOWN HALL駅から徒歩5分⛉650 George St.☎(02)8275-8600 ⓗ6〜24時❌なし

Ⓒ ニュートンズ・ ファーマシー
Newton's Pharmacy

シティ **MAP P36A3**

オリジナル・コスメやエッセンスが豊富。

DATA ❌ⓉTOWN HALL駅から徒歩5分⛉119 York St.☎(02)9267-7889 ⓗ9時〜17時30分(木曜〜19時)※祝祭日は営業時間変更あり❌土・日曜

ソレオ オーガニクスの サンスクリーン
A$40.55 Ⓒ

➡紫外線と一緒に空気中の有害物質をカットする優秀な日焼け止め150g

プロポリスの歯磨き粉
A$4.20 Ⓒ

➡殺菌力の高いプロポリスを配合した歯磨きは口内を清潔に保つ効果大!

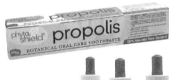

「サーズデー・プランテーション」シリーズ

ティー・ツリー キズ薬
A$9.45 Ⓒ

ティー・ツリー 歯磨き粉
A$6.15 Ⓒ

ティー・ツリー リップガード
A$3.75 Ⓒ

➡➡ティー・ツリーの天然殺菌成分で虫歯菌や雑菌、虫も寄せ付けない

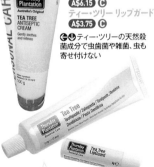

ワイルド・フラワー エッセンス
各A$12.20 Ⓒ

➡オーストラリアに自生するブッシュ・フラワーのエッセンス。50mℓ

ティー・ツリー・オイルとは?

除菌、殺菌効果に優れ、傷の消毒や虫刺され、虫よけ、カビ防止に効果的なオイル。傷や虫刺されには少量を脱脂綿などに含ませ、直接患部に塗布する。また、香りを嗅ぐことで風邪の予防や不安感、ストレス解消にもなる。

That's Australia! 直球みやげ

旅先を聞かずともオーストラリアを旅したことがわかる、オーストラリア度も品質も高いみやげがこちら。旅の記念になること間違いなし。

オパールのアクセサリー

➡ホワイト、ボルダー、ブラックなど、産地や色の入り具合によって値段が変わるオパール・リングA$150〜

アルトマン&チャーニー ➡P31

ムートンの敷物

➡フカフカで座り心地抜群のムートンの敷物
A$119.95

アグ・シンス1974 ➡P30

とにかく行くべき!
マストタウン エリア 4

» 港町シドニーの玄関口

1 ロックス&サーキュラー・キー
【The Rocks & Circular Quay】

- P28 → 美景絶品レストラン
- P30 → シドニー的みやげ
- P32 → 10分圏内のみどころ

愛らしいコアラはワイルド・ライフ・シドニー(→P47)で会える

オペラ・ハウス(→P6)やハーバー・ブリッジ(→P8)の絶景をバックに記念写真を撮ろう!

» ビジネス中心街

2 シティ 【City】

- P36 → 地元っ子ごひいきのショップ
- P38 → お値打ち各国グルメ
- P40 → 10分圏内のみどころ

18世紀の探検史に多くの功績を残したキャプテン・クックの像はハイド・パーク(→P40)にある

歴史的建造物としても価値の高いQVB(→P36)には160以上のショップが入店

» シドニー随一の娯楽スポット

3 ダーリング・ハーバー 【Darling Harbour】

- P44 →
海を望む複合施設
- P46 →
好奇心をくすぐる観光スポット

» シドニーの流行発信地

4 パディントン 【Paddington】

- P50 →
ハイレベルなショップ
- P52 →
レストラン・カフェ
- P54 →
10分圏内のみどころ

シドニーの2大シンボルのオペラ・ハウスとハーバー・ブリッジがあるロックス&サーキュラー・キー、ショップにレストランと何でも揃うシティ、水族館と動物園に代表されるダーリング・ハーバー、シドニーの最先端がわかるパディントン。さあ、どこから行く?

シドニー・タワー・アイのスカイウオークからの眺望

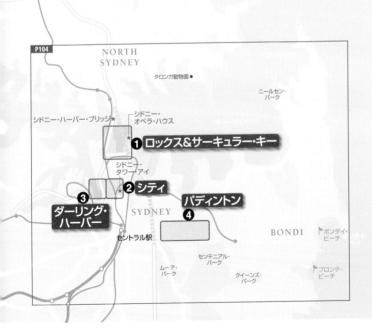

0 1km 2km

MANLY
マンリー・ビーチ

CHATSWOOD

P104

NORTH SYDNEY

タロンガ動物園 ●

ニールセン・パーク

シドニー・ハーバー・ブリッジ★
シドニー・オペラ・ハウス

★ ❶ ロックス&サーキュラー・キー

シドニー・タワー・アイ

❷ シティ

❸ ダーリング・ハーバー

パディントン

SYDNEY

❹

セントラル駅

BONDI
ボンダイ・ビーチ

ムーア・パーク

センテニアル・パーク

クイーンズ・パーク

ブロンテ・ビーチ

ロックス&サーキュラー・キー

The Rocks & Circular Quay

趣ある建物が並ぶジョージ通り　　1932年建造のハーバー・ブリッジ　　オペラ・ハウスはユネスコ世界文化遺産

港町シドニーの玄関口

フェリーやクルーズ船の発着場となっている「サーキュラー・キー」と、古くから開けた歴史ある「ロックス」。世界3大美港のひとつと称されるシドニー湾に面した、最もシドニーらしい風景が見られるエリアだ。ロックス側からはオペラ・ハウス、オペラ・ハウス側からは、ハーバー・ブリッジの眺望がすばらしく、夕暮れから夜にかけては、ロマンチックな雰囲気が漂う。

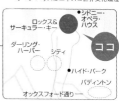

最寄り駅はシドニー・トレインの
CIRCULAR QUAY駅

タビトモ的 Best 3

1. オペラ・ハウス見学
内部の見学ができる日本語ツアーを毎日催行。予約不要。催行は1日5回。(料)A$30 ➡P6

2. ハーバー・ブリッジで展望
ブリッジの支柱、パイロン展望台から見るシドニー湾の景色は格別! ➡P8

3. 眺望自慢レストラン
シドニー湾の美しい景色を望む美食ダイニングで至福のひとときを。➡P16

マチ読みグラフ

グルメ度
ショップ度
カルチャー度
エンタメ度
ナイトライフ度
眺望度

アドバイス
夜間はロックスの裏道など少々物騒なエリアもあるので、人通りの多いメイン通りを歩くこと。

パイロン展望台（→P8）の屋上から見るシドニー湾の風景

「ロックス&サーキュラー・キー」のオススメ教えてください

ロックスはおしゃれなカフェがたくさんあるわよ

週末のロックス・マーケット（→p56）で掘り出しものを見つけてみて！

現代美術館（→P32）最上階にあるカフェからの眺めが最高！

エリアウォッチ密着24h

6:00 — ホテルの朝食ビュッフェが始まる

朝の湾沿いをウォーキングする人多し
7:00 — 通勤でフェリー乗り場が混雑しはじめる時間

ロックスやシドニー湾沿いカフェの一部が開店
8:00

9:00

ほとんどのショップが開店→P30
10:00

11:00 — ハーバー・ブリッジをオペラ・ハウス側から撮影するなら順光になる午前中に

ランチでカフェやレストランが混雑。ランチするならこの前後がおすすめ
12:00

13:00 — 美術館や博物館鑑賞は午後のほうがゆったりできる→P32
14:00

オペラ・ハウス全景を撮影するならこの時間に
15:00 — バスカーズ（大道芸人）のパフォーマンスを見るならこのころがおすすめ
16:00

17:00 — フェリーが混雑

帰宅前に一杯！という地元っ子がパブへ繰り出す
18:00 — ほとんどのショップやカフェが閉店

19:00 — 人気レストランはこの時間で満席に
20:00

21:00

眺めのいいバーでゆっくり夜景を…
22:00 — 人通りが少なくなるので注意！

23:00 — サーキュラー・キー発のフェリー最終時刻

ロックス&サーキュラー・キー①

The Rocks & Circular Quay

眺め抜群 美景絶品レストラン!

世界3大美港と称されるシドニー湾には、絶景と絶品料理が一度に楽しめるレストランが目白押し。美しい景色もご馳走なのだ!

アルティテュード　MAP P28A2
Altitude

シーフードが評判のモダン・オーストラリア料理はコースが人気。服装はスマート・カジュアル以上、要予約。**DATA** ❌ⓉCIRCULAR QUAY駅から徒歩6分🅷シャングリラ・ホテル・シドニー（→P77）内Level36⏰（02）9250-6123⏱12〜14時、18〜22時（金曜は17時30分〜）。土・日曜は11〜13時、13時30分〜15時30分、17時30分〜22時🈚なし Ⓛ **PHOTO** オペラ・ハウスを上から一望!

オペラ・キッチン　MAP P29B1
Opera Kitchen

オペラ・ハウスとハーバー・ブリッジを望む全席テラス席のレストラン。本格的な和食、シーフードが楽しめる。**DATA** ❌ⓉCIRCULAR QUAY駅から徒歩6分 🅗Lower Concourse Level, Sydney Opera House, Bennelong Pt.☎0450-099-888⏱7時30分〜22時30分🈚なし 日本 Ⓑ

シドニー・コーブ・オイスター・バー　MAP P29B2
Sydney Cove Oyster Bar

オペラ・ハウス横の海沿いに並ぶ白いパラソルが目印のアウトドア・ダイニング。新鮮なカキをはじめとするシーフード料理が堪能できる。シドニー・ロック・オイスターは半ダースA$27。ランチからディナーまで通しで営業。**DATA** ❌ⓉCIRCULAR QUAY駅から徒歩6分🅗No.1 East Circular Quay⏰（02）9247-2937⏱11時〜深夜🈚なし Ⓛ

キャンベルズ入江
Campbells Cove

ハーバー・ビュー・ホテル・ロックス 🅗
Harbour View Hotel, The Rocks

ロックス・マーケット[P56]

マーカンタイル
Mercantile 🅗

ケン・ドーン・ギャラリー
[ブランド／P21,31]

アグ・シンス1974
[ブーツ・バッグ／P20,30]

リッジス・シドニー・ハーバー
Rydges Sydney Harbour[P77] 🅗

外国船旅客ターミナル
キー

アーガイル・カット
[史跡／P32]

ロックス・センター
シドニー・ビジター・ⓘ
センター[P80]

ロックス・スクエア

クルーズ・バー&レストラン

カドマンズ・コテージ[史跡]

メインストリートはこの通り

クロック・タワー

オーストラリアン・ヘリテージ

ラ・ルネッサンス・パティスリー
[カフェ／P31]

ギリアン・カフェ

スザンナ・プレイス[史跡]

シティ

現代美術館[P32]

MCAストア
[ギフトショップ／P31]

DFSギャラリア・シドニー
[免税店／P30]

ファースト・フリート公園

第6埠頭

ロイヤル・コペンハーゲン
[カフェ／P31]

シャングリラ・ホテル・シドニー
Shangri-La Hotel, Sydney[P77] 🅗

アルティテュード
ブルー・バー・オン36
[P30]

フォーシーズンズ・ホテル・シドニー[P78]
🅗Four Seasons Hotel Sydney

アルトマン&チャーニー
[オパール／P3]

この地図の続きはP107

Lower Fort St.
Hickson Rd.
Sydney Trains
シドニー・トレイン
Argyle St.
George St.
Cumberland St.
Harrington St.
Alfred St.
Essex St.
Pitt St.
徒歩約3分

❶

❷

Ⓐ

ちょっとディープに

パブで オージー 文化を体験！

ロックスには昔ながらのパブが点在。オージーたちに交じって一杯やれば仲良くなれるかも?!

ロード・ネルソン・ブリュワリー
Lord Nelson Brewery **MAP P106B1**

自家製生ビールにこだわる老舗パブ。**DATA** ⊗①CIRCULAR QUAY駅から徒歩12分⊕19 Kent St.ロード・ネルソン・ブリュワリー内☎(02)9251-4044⊛11〜23時(日曜12〜22時)⊛なし Ⓛ

オーストラリアン・ヘリテージ
The Australian Heritage **MAP P28A2**

1913年から変わらず営業を続ける由緒あるパブ。**DATA** ⊗①CIRCULAR QUAY駅から徒歩10分⊕100 Cumberland St.☎(02)9247-2229⊛11〜24時⊛なし Ⓛ

🍴 カフェ・シドニー **MAP P29B2**
Café Sydney

カスタム・ハウス最上階にあり、絶景が望める。服はスマート・カジュアル、ディナーは要予約。**DATA** ⊗①CIRCULAR QUAY駅から徒歩1分⊕カスタム・ハウス(→P32)内Level5☎(02)9251-8683⊛12〜22時(日曜は〜16時)⊛なし

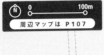

地図:
- 周辺マップは **P107** 0〜100m
- オペラ・キッチン
- オペラ・バー
- アリア
- シドニー・コーブ・オイスター・バー
- マンリー(→P68)へのフェリーは第3埠頭から
- 第5埠頭 第4埠頭 第3埠頭 第2埠頭
- サーキュラー・キー駅 CIRCULAR QUAY STN.
- ビッグ・バス・シドニー・ブッキングセンター
- カスタム・ハウス・スクエア
- カスタム・ハウス[名所] P32
- カフェ・シドニー
- プルマン・キー・グランド・シドニー・ハーバー Pullman Quay Grand Sydney Harbour
- サー・スタンフォード・アット・サーキュラー・キー Sir Stamford at Circular Quay [P77]
- 王立植物園
- Cahill Expressway
- Loftus St. / Circular Quay East / Macquarie St. / Sydney Harbour Tunnle

🍴 キー **MAP P28A1**
Quay

国際客船ターミナルにあり眺望抜群。シドニー屈指の名店。ドレスコードあり、要予約。**DATA** ⊗①CIRCULAR QUAY駅から徒歩5分⊕Level3, Overseas Passenger Terminal☎(02)9251-5600⊛12時〜16時30分、18時〜深夜⊛月〜木曜の昼 Ⓛ **PHOTO** 4皿からなるA$180のコースの一例

🍴 アリア **MAP P29B2**
Aria

スターシェフの一人マット・モラン氏が展開するダイニングで、季節感を生かした創造性あふれるモダン・オーストラリア料理が楽しめる。ランチ2〜4コースA$85〜、プレシアター2〜3コースA$90〜、ディナー3〜4コースA$150〜。ワインの品揃えも豊富。服装はスマート・カジュアルで。要予約。**DATA** ⊗①CIRCULAR QUAY駅から徒歩5分⊕1 Macquarie St.☎(02)9240-2255⊛12時〜14時15分(土曜は〜14時)、17時30分〜21時30分(金曜は〜23時、土曜は17〜23時)⊛なし Ⓛ **PHOTO** 最もシドニーらしい景色が広がるファインダイニング

ロックス&サーキュラー・キー②

The Rocks & Circular Quay

歴史地区で シドニー的みやげ探し

シドニー発祥の地ロックスとシドニー湾を囲むサーキュラー・キーは、シドニーならではのみやげ探しにぴったりのエリアだ。

アグ・シンス1974
MAP P30A1

UGG Since 1974

世界で唯一、オーダーメイドのアグブーツを提供している。ゴールドコースト、メルボルンにも直営店があるのでそこで注文し、シドニーで受け取ることも可能。DATA ⊗ⓉCIRCULAR QUAY駅から徒歩3分 ⊕104 George St.⊗(02)9241-6711⊕10〜20時(日曜は〜19時)⊛なし PHOTO オーストラリア製のブーツが揃う。日本人に人気のデニムシリーズ(下左)。デザイン、素材、色などフルオーダーが可能

コチラもどうぞ
夜景スポット

シドニー・オペラ・ハウスやシドニー・ハーバー・ブリッジなどの美しい夜景をカメラに収めたい。

ブルー・バー・オン36
Blu Bar on 36
MAP P30A2

シドニー有数の絶好ロケーション。シドニー湾の絶景が一望できる。DATA ⊗ⓉCIRCULAR QUAY駅から徒歩6分 ⊕Ⓗシャングリラ・ホテル・シドニー(→P77)内Level36⊗(02)9250-6124⊕16〜24時(土曜は12時〜翌1時、日曜は12〜23時)⊛なし

DFSギャラリア・シドニー
MAP P30A2

DFS Galleria Sydney

ブランド品からみやげ物まで揃う免税店。DATA ⊗ⓉCIRCULAR QUAY駅から徒歩3分 ⊕155 George St.⊗(02)8243-8666 ⊕11〜19時⊛なし 日⊠

コチラもどうぞ
ロックスのカフェでひと休み

そぞろ歩くだけで楽しいロックス。街歩きの合間に、かわいいカフェで休憩を。

ラ・ルネッサンス・パティスリー
La Renaissance Patisserie MAP P30A2

1974年から営業を続ける老舗パティスリー&カフェ。 **DATA** ❸ⓉCIRCULAR QUAY駅から徒歩6分 🏠47 Argyle St.☎(02)9241-4878🕐7〜18時❌なし

ロイヤル・コペンハーゲン
Royal Copenhagen MAP P30A2

オリジナル・レシピのホームメイド・アイスクリームが人気。 **DATA** ❸ⓉCIRCULAR QUAY駅から徒歩5分🏠Shop C1 Promenade West☎(02)9251-3044🕐10時〜22時30分(土・日曜は〜深夜)❌なし

🛍 アルトマン&チャーニー MAP P30A2
Altmann & Cherny

ひと味違うオパール製品を見つけるならココ。 **DATA** ❸ⓉCIRCULAR QUAY駅から徒歩3分🏠18 Pitt St.☎(02)9251-9477🕐9時30分〜18時(土・日曜は10〜16時)❌なし 日文

🛍 ケン・ドーン・ギャラリー MAP P30A1
Ken Done Gallery

日本でもおなじみ、シドニー生まれのモダンアートの第一人者ケン・ドーン。作品の展示とグッズ販売をしている。 **DATA** ❸ⓉCIRCULAR QUAY駅から徒歩5分🏠1-5 Hickson Rd.☎(02) 8274-4599🕐10時〜17時30分❌金〜日曜 **PHOTO** 約20種類揃うポストカード。1枚A\$1、12枚A\$10

周辺マップは P107

一度は体験したいオペラ・ハウスでのコンサート。当日券も狙い目

ャンベルズ入江にはレンガ造りの
庫を改装した眺め抜群のレストランが並ぶ

オペラ・キッチン
[和食・シーフード/P28] ●
オペラ・バー ●

アリア
[モダン・オーストラリア料理/P18,29]

シドニー・コーブ・オイスター・バー ●
[シーフード/P17,28]

ジョージ通り沿いには、古い建物を利用した店舗が多く、そぞろ歩きが楽しい

サーキュラー・キーのフェリー乗り場前や横の公園付近では大道芸人のパフォーマンスが見られることも

5埠頭 第4埠頭 第3埠頭 第2埠頭
ーキュラー・キー駅
RCULAR QUAY STN.

ブルマン・キー・グランド・シドニー・ハーバー
Pullman Quay Grand
Sydney Harbour

ング・バス・シドニー・
ッキングセンター

カスタム・ハウス・スクエア
カスタム・ハウス[名所/P32]
├カフェ・シドニー
● [モダン・オーストラリア料理/P17,29]

サー・スタンフォード・アット・サーキュラー・キー
Sir Stamford at Circular Quay
[P77] Ⓗ

Sydney Harbour Tunnel
Macquarie St.
Circular Quay East
王立植物園
Cahill Expressway
Lotus St.

🛍 MCAストア MAP P30A2
MCA Store

©Anna Kucera

現代美術館内に併設されているショップ。定番のものだけでなくオーストラリアならではのユニークな商品を多数取り扱っている。おみやげ選びで、ほかの人とちょっと差をつけたい人におすすめ。 **DATA** ❸ⓉCIRCULAR QUAY駅から徒歩4分🏠140 George St.☎(02) 9245-2458🕐10〜17時(水曜は〜21時)❌なし

▶▶▶▶▶▶ だいたい**10**分

from ロックス&サーキュラー・キー

シドニーの歴史をそのまま閉じ込めた、まるごと博物館のようなエリア。そぞろ歩いてその文化を肌で感じよう。

👀 アーガイル・カット

MAP P28A1

Argyle Cut

1843年から約25年の歳月をかけ、硬い砂岩を削って造られた切通し。着工当初は囚人たちがハンマーとのみだけでこの労働に従事した。**DATA** 🚫Ⓣ CIRCULAR QUAY駅から徒歩5分 🏠 Argyle St. 🈯無料 **PHOTO** 両サイドの壁面に手掘りの痕跡が残る

👀 カスタム・ハウス

MAP P29B2

Customs House

150年にわたって使用された1845年建造の旧税関。現在は図書館のほか、カフェや売店などが入る。**DATA** 🚫Ⓣ CIRCULAR QUAY駅から徒歩1分 🏠 31 Alfred St. 📞(02) 9242-8551 🕐 8〜24時（土曜は9時〜深夜。日曜、祝日は9〜17時）、図書館10〜19時（土・日曜は11〜16時）🈳なし（図書館は祝日休館）🈯無料

👀 現代美術館

MAP P28A2

Museum of Contemporary Art Australia（MCA）

1991年に開館した国内最大級の近代アート美術館。オーストラリアはもとより、世界中から集めた作品や招聘アーティストによる期間限定の展示を無料で鑑賞できる。1940年代建造のアール・デコ様式の建築も見ごたえあり。MCAストアには、おしゃれグッズが満載。レストランもある。**DATA** 🚫Ⓣ

CIRCULAR QUAY駅から徒歩3分 🏠 140 George St. 📞(02) 9245-2400 🕐 10〜17時（水曜は〜21時）🈳なし 🈯無料（一部の特別展は有料）**PHOTO**（左）モダンな色調の館内入口（右）開放的な併設のMCAカフェ 🕐 美術館の閉館時間に準ずる

豆知識

キャプテン・クックってどんな人？

イギリス海軍大佐および探検家。本名ジェームズ・クック。1770年にオーストラリア東海岸に上陸した初のヨーロッパ人であり、1785年にイギリス王室による大陸領有を宣言。オーストラリア開拓の歴史に大きな功績を残した一人だ。

シドニー天文台
Sydney Observatory
MAP P106B1

1857年に建造された国内最古の天文台。2つのドームをもち、最新鋭の望遠鏡と1874年製造で現在も使用されている望遠鏡がある。天体観測や3Dを駆使した映像シアターなどで天体に関する知識を学べるガイドツアーあり（要予約）。**DATA** ⊗ⓉCIRCULAR QUAY駅から徒歩10分

🏠1003 Upper Fort St, Millers Point☎(02)9921-3485🕐10〜18時❌なし デイツアー🎫11時30分〜、13時15分〜、14時30分〜、16時〜（変動あり）🎫A\$26、ナイトツアー🎫20時30分〜22時（金・土曜は21時〜22時30分、変動あり）🎫A\$40

王立植物園
Royal Botanic Gardens
MAP P107D2

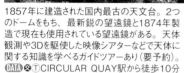

入植期に持ち込まれた世界各地の植物などが観賞できる。**DATA** ⊗ⓉCIRCULAR QUAY駅から徒歩10分🏠Mrs Macquaries Rd.☎(02)9231-8111、週末(02)9231-8125🕐7〜20時（3月は〜18時30分、4・9月は〜18時、5・8月は〜17時30分、6・7月は〜17時、10月は〜19時30分）❌なし🎫無料（一部有料の施設あり）**PHOTO**無料ガイドツアーやアボリジニ・ヘリテージ・ツアー（A\$40）あり

シドニー博物館
Museum of Sydney
MAP P107C2

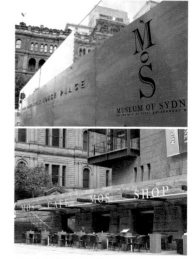

1788年に建造された初代総督公邸を利用した博物館。シドニーの歴史や文化を学ぶのに最適な展示や企画展が行われている。**DATA** ⊗ⓉCIRCULAR QUAY駅から徒歩5分🏠Cnr. Phillip & Bridge Sts.☎(02)9251-5988🕐10〜17時❌なし🎫A\$15（一部の特別展は別料金）**PHOTO**シドニーに点在する歴史的な建物を歩いて見学するウォーキング・ツアーも開催（有料、要予約）

シティ

City

街のランドマーク、シドニー・タワー・アイ G.P.O.にそびえる立派な時計塔

1898年建造のQVB

海風が吹きぬける
ビジネス中心街

シドニーの経済＆ビジネスの中枢で、老舗デパートや高級ブランド店、観光名所も集まるエリア。ビジネスの中心という意味でCBD（セントラル・ビジネス・ディストリクト）ともよばれる。近代的な高層ビル群のなかにヨーロッパ調のクラシックな外観をもつ歴史的建物が混在し、独特な景観をつくり出している。東部の**ハイド・パーク**は市民憩いの場。

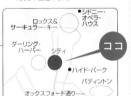

最寄り駅はシドニー・トレインのTOWN HALL駅、WYNYARD駅、MARTIN PLACE駅など。

タビトモ的 Best 3

1. 老舗デパートめぐり
歴史的建造物のひとつクイーン・ビクトリア・ビルディング（QVB）。**→P36**

2. 各国グルメ
世界中から人々が集まるシティでは、各国の料理が楽しめる。**→P38**

3. シドニー・タワー・アイ
シドニー1高い塔から眺めればすばらしい景観はもちろん地理感覚も身につき一挙両得。**→P40**

マチ読みグラフ

グルメ度
ショップ度
カルチャー度
エンタメ度
ナイトライフ度
眺望度

アドバイス 公共交通機関をうまく利用してまわろう。週末や夜間は人通りがぐっと少なくなるので一人歩きは避けよう。

都会のオアシス、ハイド・パーク

「シティ」の オススメ教えてください

装飾が美しいセント・メアリーズ大聖堂は一見の価値あり！

ハイド・パーク（→P40）でのんびりお散歩もオススメ！

ショッピングを楽しむならピット・ストリート・モール（→P36）へ！

エリアウォッチ密着24h

6:00 街はまだ静まりかえっている

7:00 シティ中心部のカフェ開店。朝食をカフェで済ます人多し！

8:00 出勤タイムのピーク

8:00 ほとんどの会社が始業

9:00 ショップ＆フードコートなどが開店

10:00

11:00 食後にストレッチ＆ランニングなどで汗を流す地元っ子多し

12:00 カフェやフードコートが混雑。ランチはこの時間の前後がおすすめ

13:00 ショッピングするならこの時間が比較的ゆっくりできるのでおすすめ

14:00

15:00 ほとんどのカフェが閉店

16:00

16:00 少し早めの帰宅ラッシュが始まる！道路も渋滞…

17:00 主なフードコート内の店が閉店。残りものを安く販売しはじめる

18:00 アフター・ファイブに一杯という人でパブが混み始める時間

19:00 ほとんどのショップが閉店（木曜は21時まで営業する店が多い）

20:00

21:00 人気レストランはこの時間帯は混み合う

22:00 意外と人通りが少なくなるので注意

23:00

シティ①

City

地元っ子ごひいきの ショップへGO!

たくさんの店がひしめくシティ。歴史的な建物やアーケードも買い物スポット!木曜夜はレイトナイト・ショッピングへ。

クイーン・ビクトリア・ビルディング(QVB) MAP P36A3
Queen Victoria Building

通称QVBの名で親しまれ、160以上のショップが入る。**DATA** ❸①TOWN HALL駅からすぐ❸455 George St❸(02)9264-9209❸9〜18時(木曜は〜21時、日曜は11〜17時)※店により異なる❸なし **PHOTO** ゴシック・ロマネスク様式の外観とモザイクや曲線を用いた吹き抜けが美しい

パーフェクト・ポーション MAP P36A3
Perfect Potion

クイーンズランド州生まれの自然派コスメ。**DATA** ❸①TOWN HALL駅からすぐ❸QVB(上記)内地下1階❸(02)9286-3384❸9時〜18時30分(木曜は〜21時、土曜は〜18時、日曜は11〜17時)❸なし

ピット・ストリート・モール MAP P37B1
Pitt Street Mall

石畳と緑の並木が美しい歩行者天国に、さまざまなショップが軒を連ねる。ときにはストリート・パフォーマーの姿も。**DATA** ❸①TOWN HALL駅から徒歩5分❸Pitt St. Mall

ヘレン・カミンスキー MAP P36A3
Helen Kaminski

帽子のほかバッグも充実。**DATA** ❸①TOWN HALL駅からすぐ❸QVB(上記)内Shop21-23 Level4❸(02)9261-1200❸10〜18時(日曜は11〜17時)❸なし

周辺マップは P107

メインストリートはこの通り

マキアヴェリ [イタリア料理/P39]

クロス・イータリー [カフェ/P15]

グレイス・ホテル・シドニー The Grace Hotel Sydney [P78]

アップルストア

King St.

Kent St.

Clarence St.

レッドオーク・ブティック・ビア・カフェ[P38]

タウン・ホール・クリニック[P81]

ダーリング・ハーバー

歌舞伎・松禄 [日本料理/P38]

Market St.

ニュートンズ・ファーマシー [薬局/P23]

トランスポートショップ

マーケット通り

マントラ・オン・ケント Mantra on Kent

クイーン・ビクトリア・ビルディング(QVB)
├パーフェクト・ポーション
├ヘレン・カミンスキー
├QVBヘルス・フーズ[健康食品]
└オロトン[バッグ]

バスターミナル

ウールワースのタウン・ホール店は、お菓子コーナーにみやげになりそうな品が多い

Druitt Pl.

シーズンズ・ハーバー プラザ・シドニー Seasons Harbour Plaza Sydney

ドルイット 通り

マイバスデスク [ツアー申し込み/P76]

タウン・ホール [名所/P40]

タウン・ホール駅 TOWN HALL STN.

▲ロックス&サーキュラー・キー

セントラル

コチラもどうぞ

ヴィクトリア時代の アーケード

ピット・ストリート・モール沿いにあるストランド・アーケードStrand Arcade（MAP P37B2）は、約70店舗が入る屋根付きのショッピング・アーケード。1891年建造で、ロンドンの有名劇場を手本にしたヴィクトリア調の細工が美しい。

G.P.O.(シドニー旧中央郵便局)
[複合施設／P41]
● G.P.O.内郵便局

マーティン・プレイス
[歩行者天国／P41]
コモンウェルス銀行

●G.P.O.オイスターバー
コモンウェルス銀行
キングス・クロス→

フラトン・ホテル・シドニー
The Fullerton Hotel Sydney [P78]

ティファニー
ジミー・チュウ
M.L.C.センター／カルティエ

シアター・ロイヤル

バリー・カントリー・ロード
ディオール
シャネル

●ピット・ストリート・モール
●ストランド・アーケード
├クランプラー
├ダイナソー・デザインズ
└ヘイグス

ウェストフィールド・シドニー

ミッド・シティ
●ジュリーク
シドニー・セントラル・プラザ
[ショッピングセンター]
├マイヤー───モア
├コスコピア
└インターナショナル・フードコート

シドニー・タワー・アイ[展望台／P40]
├シドニー・タワー・ビュッフェ
デビッド・ジョーンズ
[レディス館]

エルメス●

イスホテル・シドニー
issôtel Sydney
78]

デビッド・ジョーンズ
[メンズ館]
├デビッド・ジョーンズ・フードホール
[地下食品売り場]

州立劇場

ヒルトン・シドニー
Hilton Sydney [P79]

シェラトン・オン・ザ・パーク
Sheraton on the Park [P78]

グラス・ブラッセリー
[モダン・オーストラリア料理／P39]

ザ・ギャラリーズ
├チャット・タイ[タイ料理／P39]

バンビーニ・トラスト・カフェ
[P15]

●マクドナルド

ウールワース タウン・ホール店
[スーパーマーケット／P23]
タウン・ホール駅入口

スターバックス・コーヒー●

Park St.

ウェストフィールド・シドニー
Westfield Sydney
MAP P37B2

300以上の店舗が入る大型ショッピングビル。**DATA** ⊗ ⓉTOWN HALL駅から徒歩5分 🏠Cnr.Pitt St.Mall&Market Sts.☎(02)8236-9200🕐9時30分〜19時（木曜は〜21時、土曜は9時〜、日曜は10時〜）🚫なし

ジュリーク
Jurlique
MAP P37B2

豪州を代表する自然派コスメ。**DATA** ⊗ ⓉTOWN HALL駅から徒歩5分 🏠Shop 51, 420 George St.☎(02)9235-0928 🕐9〜18時（木曜は〜21時、土曜は9時30分〜、日曜は11〜17時）🚫なし

モア
Mor
MAP P37B2

デパート「マイヤー」2階の人気コスメ。**DATA** ⊗ ⓉTOWN HALL駅から徒歩5分 🏠436 George St.☎(02)9238-9111（マイヤー）🕐9時30分〜19時（木曜は〜21時、日曜は10時〜）🚫なし

ザ・ギャラリーズ
The Galeries
MAP P37B3

グルメも買い物もおまかせ。**DATA** ⊗ ⓉTOWN HALL駅から徒歩2分 🏠500 George St.☎(02)9265-6800🕐10〜18時（木曜は〜21時、日曜は11〜17時）🚫なし

デビッド・ジョーンズ
David Jones
MAP P37B2

豪州版ハロッズともいわれる老舗。**DATA** ⊗ ⓉTOWN HALL駅から徒歩5分 🏠86-108 Castlereagh St.☎(02)9266-5544🕐9時30分〜19時（木・金曜は〜21時、土曜は9時〜）🚫なし

B

シティ②

City

本場顔負け お値打ち各国グルメ

多文化都市シドニーの各国グルメは本場にも負けないほど、安くて激ウマ。エスニックな異国情緒もバッチリ味わえる!

レッドオーク・ブティック・ビア・カフェ
Redoak Boutique Beer Cafe
MAP P38A2

手作りにこだわり、自家醸造所をもつビア・カフェ。チョコレート風味のビールなどユニークなメニューも。**DATA** 🚇ⓉTOWN HALL駅から徒歩10分 ⑮201 Clarence St.☎(02)9262-3303⏰12〜22時(水曜は11時30分〜、金・土曜は〜24時)❹日曜 Ⓛ **PHOTO** シーフードテイスティングボードA$30、レンガに赤い看板が目印

歌舞伎・松禄
Kabuki Shoroku
MAP P38A2

ロブスターの刺身が人気の日本料理店。**DATA** 🚇ⓉTOWN HALL駅から徒歩5分 ⑮202 Clarence St., St. Martins Tower内☎(02) 9267-4552⏰12時〜14時30分、18時〜21時30分(土曜は18時〜)❹日曜、祝日 🔤 🔤 Ⓑ(ワインのみ) **PHOTO** 海鮮舟盛り2〜4人前A$280〜

マダン
Madang
MAP P108A1

奥まった場所に立つ韓国料理店。定番料理のほか、コリアンBBQとよばれる焼き肉が人気だ。**DATA** 🚇ⓉTOWN HALL駅から徒歩5分 ⑮371 Pitt St.☎(02)9264-7010⏰11時30分〜深夜❹なし Ⓑ

もっとディープに

シドニーに点在する各国街

シドニーには○○人街とよばれる、各国の特徴をそのままに感じられるエリアがいくつも点在。その国の言葉が飛び交い、まるで別の国にいるような錯覚に陥るほど。ただし、チャイナタウンを除き、治安があまりよくない地区も多いので注意が必要。

- G.P.O.(シドニー旧中央郵便局) [複合施設／P41]
- G.P.O.内郵便局
  G.P.O.オイスターバー

マーティン・プレイス [歩行者天国／P41]

コモンウェルス銀行

キングス・クロス

コモンウェルス銀行

ティファニー

フラトン・ホテル・シドニー
The Fullerton Hotel Sydney [P78]

ジミー・チュウ

M.L.C.センター

シアター・ロイヤル

シャネル

カントリー・ロード

ディオール

ピット・ストリート・モール [P36]

ストランド・アーケード [P37]
- クランブラー
- ダイナソー・デザインズ
- ヘイグス

この道を東へすぐのところが市民の憩いの場でもある [ハイド・パーク（→P40）]

ミッド・シティ
- ジュリーク [コスメ／P21,37]
シドニー・セントラル・プラザ [ショッピングセンター]
- マイヤー - モア
- コヌコロア [コスメ／P21,37]
- インターナショナル・フードコート

シドニー・タワー・アイ [展望台／P40]
シドニー・タワー・ビュッフェ
デビッド・ジョーンズ [デパート レディス館／P37]

イスホテル・シドニー
vissôtel Sydney
78]

ウェストフィールド・シドニー [ショッピングセンター／P37]

デビッド・ジョーンズ [デパート メンズ館／P37]

エルメス

デビッド・ジョーンズ・フードホール [地下食品売り場]

州立劇場

ヒルトン・シドニー
Hilton Sydney [P79]

シェラトン・オン・ザ・パーク
Sheraton on the Park [P78]

グラス・ブラッセリー

ザ・ギャラリーズ [ショッピングセンター／P37]
- チャット・タイ

バンビーニ・トラスト・カフェ [P15]

マクドナルド

ウールワース タウン・ホール店 [スーパーマーケット／P23]

タウン・ホール駅入口

スターバックス・コーヒー

パーク通り

Park St.

B

グラス・ブラッセリー
Glass Brasserie

MAP P39B3

世界のセレブを魅了するルーク・マンガンの店。ドレスコードあり。要予約。**DATA** ⊗ⓣTOWN HALL駅から徒歩3分ⓑⒽヒルトン・シドニー（→P79）内Level2☎(02)9265-6068🕐12～15時（日曜11時30分～15時30分）、18時～深夜⊗土曜の昼 Ⓛ **PHOTO**（左）ゴージャスな店内（右）キングフィッシュの刺身A$30

チャット・タイ
Chat Thai

MAP P39B3

A$10～の激安タイ料理店。**DATA** ⊗ⓣTOWN HALL駅からすぐⓑザ・ギャラリーズ（→P37）地下1階☎(02)9283-5789🕐10～18時（木曜は～20時、日曜は11～16時）⊗なし

マキアヴェリ
Machiavelli

MAP P107C2

本格イタリアンが味わえる。絶妙なアルデンテでサーブされるパスタが評判。予約がベター。**DATA** ⊗ⓣWYNYARD駅から徒歩5分ⓑ123 Clarence St.☎(02)9299-3748🕐12～15時、18時～21時30分⊗土曜の夜、日曜 Ⓛ **PHOTO**（左）日替わりのドルチェA$15～（右）インテリアはイタリアの田舎風

▶▶▶▶▶
だいたい**10**分

from シティ

歴史的建造物や博物館、タワーなどみどころ満載！ひと休みには、地元っ子みたいにハイド・パークでリラックス。

タウン・ホール
Town Hall
MAP P36A3

19世紀ヴィクトリア・バロック調の市庁舎。館内ではコンサート・ホールや9000本ものパイプをもつ巨大パイプオルガンなどが見学できる。**DATA** ❌⊤ TOWN HALL駅からすぐ ⓐ483 George St.☎ (02) 9265-9189⊕8〜18時⊗土・日曜⑩無料 **PHOTO** 時計台が目印

ハイド・パーク
Hyde Park
MAP P107C3

ロンドンのハイド・パークにちなんで名付けられた公園。街の中心とは思えないほど緑豊かで、四季折々の花々が美しく、市民憩いの場として親しまれている。**DATA** ❌⊤ST. JAMES駅からすぐ ⓐHyde Park⑩無料 **PHOTO** (左上)シンボルのアーチボルド噴水 (左下)英王ジョージ5世と6世を称えて造られたサンドリンガム・ガーデン (右)緑の並木道が続くプロムナード

シドニー・タワー・アイ
Sydney Tower Eye
MAP P37B2

シティのほぼ中心に位置する全高309mのタワー。地上250mの展望台からは市内360度の眺望を見下ろせる。地上260mに造られた「スカイウォーク」は、足元が透けて見えるスリリングさが人気。風や火が出る「4Dシネマ」では、シドニー上空の景色も楽しめる。**DATA** ❌⊤TOWN HALL駅から徒歩5分

ⓐ100 Market St.☎1800-614-069⊕9〜21時 (入場は〜20時。スカイウォークは10時〜18時30分)⊗なし ⑩展望台＋4DシネマA$29、スカイウォークA$71 (土・日曜はA$80) **PHOTO** (左)シドニーで最も高い建物 (右上)展望台の外に造られたスカイウォーク (右下)展望台にある望遠鏡は無料

G.P.O.(シドニー旧中央郵便局) `MAP P37B1`
General Post Office

19世紀に建てられたシドニー旧中央郵便局。砂岩を使った美しいネオ・クラシカル調の建物で、各所に施された優美な装飾やらせん階段など、すべてが歴史を感じさせるスポットだ。現在はフラトン・ホテル・シドニー(→P78)と、14のレストランや数軒のブティックなどで構成されている。地元ではダイニング・スポットとして人気。`DATA` ⊗Ⓣ MARTIN PLACE駅から徒歩3分⊕No.1 Martin Place⑤店により異なる `PHOTO`(左)現在はホテルやレストラン、郵便局が入っている(中)時計台がシンボル(右)美しい曲線を描いたらせん階段

マーティン・プレイス `MAP P37B1`
Martin Place

G.P.O.が中心に立つプロムナード。両サイドには歴史的な建物が立ち並び、金融関係の中心街でもある。水のモニュメントが目印の歩行者天国で、ハリウッド映画のロケが行われることも。クリスマスシーズンにはツリーが飾られる。`DATA` ⊗Ⓣ MARTIN PLACE駅からすぐ⊕Martin Place `PHOTO`(上)石畳の歩行者天国(下)四季折々の花が咲き、花や果物を売るマーケットも出る

オーストラリア博物館 `MAP P107C3`
The Australian Museum

1827年に設立された国内最古の博物館。自然と文化に関する展示を中心に、オーストラリア固有の動植物や鉱物、先住民族アボリジニとその文化について学べる。`DATA` ⊗Ⓣ MUSEUM駅から徒歩3分⊕1 William St.⑤(02)9320-6000⊕9時30分～17時⑭なし⑭A\$15 `PHOTO`(上)入口はハイド・パークに面している(下)単孔類エキドナ(ハリモグラ)のはく製 ※2020年3月現在リノベーションのため休館中

ワールド・スクエア `MAP P108A1`
World Square

ホテルやショップ、飲食店などが入る。`DATA` ⊗Ⓣ TOWN HALL駅から徒歩5分⊕680 GeorgeSt.⑤(02)8275-6777⊕10～17時(木曜は～21時、日曜は11～17時)⑭なし※⊕⑭は店により異なる

ダーリング・ハーバー

Darling Harbour

ハーバーサイド・ショッピングセンター　コックル・ベイ・ワーフに面した遊歩道　　　　シティのビル群の眺めも抜群

シドニー随一の娯楽スポット

ワイルド・ライフ・シドニー、シー・ライフ・シドニー、レストランやショップなどが、ダーリング・ハーバーに面した**ウォーターフロントに集結！**　さまざまな無料イベントも行われているので、いつ行っても楽しめる。ハーバー沿いは**夜景も美しいので、**しっとりと食事を楽しみたいときもおすすめだ。週末のバーには地元っ子たちが集まり、クラブのような盛り上がりを見せるほど賑わう。

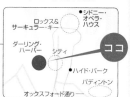

最寄り駅はシドニー・トレインのTOWN HALL駅、シドニー・ライト・レールの PYRMONT BAY駅など。

タビトモ的 Best **3**

1. 2大ワーフで食べる
コックル・ベイ・ワーフとキング・ストリート・ワーフは、グルメスポット。**➡P45**

2. 動物園でコアラと対面
ワイルド・ライフ・シドニーには、オーストラリア固有の動物が勢揃い。**➡P47**

3. 無料イベントをチェック！
週末や祝日には、コンサートやショーなど無料イベントが行われる。夏なら夕涼みにもいい。

マチ読みグラフ

グルメ度
ショップ度
眺望度
カルチャー度
ナイトライフ度
エンタメ度

アドバイス シドニー・ライト・レールでザ・スターやフィッシュ・マーケットへも簡単アクセス。夜も比較的安全。

シドニーきっての娯楽施設が集結

「ダーリング・ハーバー」の オススメ教えてください

ハーバーサイド・ショッピングセンター（➡P44）は毎日21時までオープンしていて便利

ダーリング・ハーバーでは毎週土曜の夜に花火があがるよ！

ワイルド・ライフ・シドニー（➡P47）は屋内動物園だから雨の日もオススメ

エリアウォッチ密着24h

観光客が多いエリアなので、朝食はちょっと遅め

6:00

7:00 シー・ライフ・シドニー、ワイルド・ライフ・シドニー開館

ハーバーサイド・ショッピングセンターのショップが開店する

8:00

9:00

10:00 ワイルド・ライフ・シドニーでウォンバット・トークに参加

11:00

シー・ライフ・シドニーのグレート・バリア・リーフ館で餌付けショー

12:00 湾沿いのアウトドア・テラスやデッキでランチ・タイムを

13:00

14:00 のんびりと午後のショッピング

15:00

ワイルド・ライフ・シドニーでコアラを間近に見られるコアラ・トークを楽しむ

16:00 シー・ライフ・シドニーでかわいいペンギンの餌付けショー

17:00

ワイルド・ライフ・シドニー閉館

18:00 会社帰りの人たちがバーやレストランで一杯やりはじめる…

19:00

シー・ライフ・シドニー閉館

20:00

美しい夜景を眺めながらディナー・タイム

21:00 ハーバーサイド・ショッピングセンター内のショップ閉店（一部店舗を除く）

22:00

23:00 週末のバーは深夜まで盛り上がる！

ダーリング・ハーバー①

Darling Harbour

海を望む複合施設で1日遊ぼう

レストラン&バーが集まる2大グルメ・スポットとおみやげ探しにも最適な巨大ショッピングセンターで、1日を過ごそう!

ハーバーサイド・ショッピングセンター
Harbourside Shopping Centre

MAP P44A3

ショップやレストランが100店舗以上も入った巨大ショッピングセンター。一部を除き、ほとんどの店が21時まで営業。オージー・ブランドも多く、みやげ探しに便利。フードコートやカフェも充実。**DATA** ⊗シドニー・ライト・レールCONVENTION駅から徒歩2分⊕2-10 Darling Dr.☎(02)9080-8860⊕10～21時⊛なし **PHOTO**(左下)チケット予約のデスクもある(右下)地下1階にはフードコートも

ザフラン
Zaaffran

MAP P44A3

インド料理が人気。カレーはA$28～。要予約。**DATA** ⊕ハーバーサイド・ショッピングセンター(上記)レベル1☎(02)9211-8900⊕12時～14時15分、18時～21時30分(金・土曜は17～22時)⊛なし ⓛ

周辺マップは P106

シドニー・ショーボート乗り場 ●
マジスティック・クルーズ乗り場

国立海事博物館
[P46]

ピアモント橋から見るシティの夜景。橋の上は360度景色を楽しめる絶好のポイント

● バイセンテニアル・
フラッグポール

メインストリートはこの橋

ピアモント橋
徒歩約3分

シドニー・ライト・レール

シドニー・フィッシュマーケット[魚市場] / P47

ハーバーサイド・ショッピングセンター
ザフラン
プロムナード・イータリー[フードコート]

コンベンション駅
CONVENTION STN.

A

キング・ストリート・ワーフ MAP P45B1
King Street Wharf

レストランやカフェ、バーが16店入ったダイニング・スポット。上階はオフィスや住居。**DATA** ⓧ ⓉWYNYARD駅から徒歩15分 ⓐLime St. 店により異なる

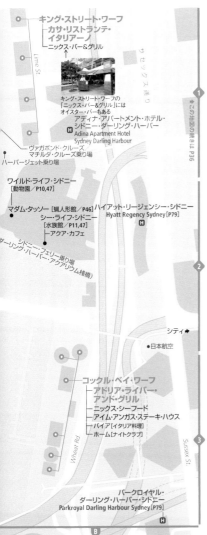

```
キング・ストリート・ワーフ
カサ・リストランテ・
イタリアーノ
ニックス・バー&グリル
```
```
キング・ストリート・ワーフの
「ニックス・バー&グリル」には
オイスター・バーもある
アディナ・アパートメント・ホテル・
シドニー・ダーリング・ハーバー
Ⓗ Adina Apartment Hotel
Sydney Darling Harbour
ヴァガボンド・クルーズ
マチルダ・クルーズ乗り場
ハーバージェット乗り場
```
```
ワイルド・ライフ・シドニー
[動物園／P10,47]
マダム・タッソー[蝋人形館／P46] ハイアット・リージェンシー・シドニー
シー・ライフ・シドニー Hyatt Regency Sydney[P79]
[水族館／P11,47] Ⓗ
アクア・カフェ
シドニー・フェリー乗り場
ダーリング・ハーバー・アクアリウム桟橋)
```
```
シティ
日本航空
```
```
コックル・ベイ・ワーフ
アドリア・ライバー・
アンド・グリル
ニックス・シーフード
アイム・アンガス・ステーキ・ハウス
バイア[イタリア料理]
ホーム[ナイトクラブ]
```
```
パークロイヤル・
ダーリング・ハーバー・シドニー
Parkroyal Darling Harbour Sydney[P79]
Ⓗ
```

カサ・リストランテ・イタリアーノ MAP P45B1
Casa Ristorante Italiano

窯焼きピザやシーフード料理が評判。一番人気はカラブレーゼ・ピザA\$28。**DATA** ⓑキング・ストリート・ワーフ(上記)内ⓣ(02)9279-4115 ⓗ11時30分〜23時(土・日曜は9時〜)ⓗなし Ⓛ

コックル・ベイ・ワーフ MAP P45B3
Cockle Bay Wharf

1998年のエリア再開発によって生まれたダイニング・スポット。アメリカ人建築家による、曲線と直線を用いた外観が印象的。ハーバーを望むハイセンスなレストランのほか、オープンテラスのカフェやバー、ナイトクラブなどが入店。味自慢の店が多い。**DATA** ⓧⓉTOWN HALL駅から徒歩7分ⓑCockle Bay Wharfⓣⓗ店により異なる

アドリア・ライバー・アンド・グリル MAP P45B3
Adria Rybar and Grill

リゾート風な地中海料理店。ソルト&ペッパー・カラマリA\$23。**DATA** ⓧⓉ TOWN HALL駅から徒歩7分ⓑコックル・ベイ・ワーフ(上記)地上階ⓣ1300-989-989ⓗ8〜23時(金・土曜は〜24時)ⓗなし Ⓛ

ダーリング・ハーバー②

Darling Harbour

好奇心をくすぐる
観光スポット

水族館や博物館でオーストラリアを学び、屋内動物園でかわいい動物たちとご対面！世界最大級スクリーンの迫力映像も必見。

国立海事博物館

MAP P46A2

Australian National Maritime Museum

航海史と海洋関連の博物館。1956年建造の駆逐艦バンパイヤと大陸発見時にキャプテン・クックが乗船したエンデバー号のレプリカは必見。**DATA** 🚶シドニー・ライト・レールPYRMONT BAY駅から徒歩2分🏠2 Murray St.📞（02）9298-3777🕐9時30分〜17時（1月は〜18時）🈳なし💴無料（駆逐艦や潜水艦の見学は有料）、すべての見学が含まれたビッグチケットA$35 **PHOTO** 軍艦や実物大の船も展示

マダム・タッソー

MAP P47B2

Madame Tussauds

ファッション雑誌の表紙を飾ったり、お気に入りのセレブ達に近づいてさまざまな体験ができる。話しかけると返事をしてくれるセレブもいるかも!? **DATA** 🚶ⓉTOWN HALL駅から徒歩10分🏠Aquarium Pier🕐10〜18時（入場は〜17時）🈳なし💴A$45

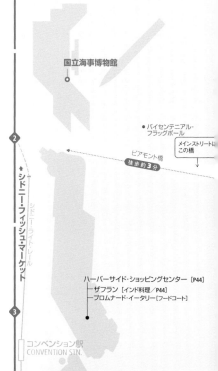

N 0　　50m

周辺マップは P106

シドニー・ショーボート乗り場 ●
マジスティック・クルーズ乗り場 ┘

1

国立海事博物館

● バイセンテニアル・フラッグポール

メインストリートはこの橋

ピアモント橋

徒歩約3分

2

シ
ド
ニ
ー
・
フ
ィ
ッ
シ
ュ
・
マ
ー
ケ
ッ
ト

シ
ド
ニ
ー
・
ラ
イ
ト
・
レ
ー
ル

ハーバーサイド・ショッピングセンター [P44]
─ザフラン [インド料理／P44]
─プロムナード・イータリー[フードコート]

3

コンベンション駅
CONVENTION STN.

A

ひと足のばして

世界最大級の魚市場

毎日100種以上の魚介類を扱う魚市場。水揚げした魚を、その場で調理してくれる店もある。

シドニー・フィッシュ・マーケット
Sydney Fish Market　MAP P106A3

東京の築地に次ぐ規模を誇り、セリの見学が可能。DATA ⊗シドニー・ライト・レールFISH MARKET駅から徒歩3分 ⊕Bank St. & Prmont Bridge Road⊗(02)9004-1100⊕7〜16時※セリは5時30分〜。見学ツアー(平日、6時40分〜、A$45)は要予約⊗なし

キング・ストリート・ワーフ［ダイニング・スポット／P45］
カサ・リストランテ・イタリアーノ［イタリア料理／P45］
ニックス・バー＆グリル

アディナ・アパートメント・ホテル・シドニー・ダーリング・ハーバー
H Adina Apartment Hotel Sydney Darling Harbour

ヴァガボンド・クルーズ・マチルダ・クルーズ乗り場
ハーバージェット乗り場

ワイルド・ライフ・シドニー

マダム・シー・ライフ・シドニー
タッソー　アクア・カフェ
シドニー・フェリー乗り場
リング・ハーバー・アクアリウム桟橋

ハイアット・リージェンシー・シドニー
Hyatt Regency Sydney［P79］ H

シティ→

●日本航空

コックル・ベイ・ワーフ［ダイニング・スポット／P45］
アドリア・リバー・アンド・グリル［地中海料理／P45］
ニックス・シーフード
アイム・アンガス・ステーキ・ハウス
バイア［イタリア料理］
ホーム［ナイトクラブ］

パークロイヤル・ダーリング・ハーバー・シドニー
Parkroyal Darling Harbour Sydney［P79］ H

ワイルド・ライフ・シドニー MAP P47B2
Wild life Sydney Zoo

オーストラリア固有の動物100種1000匹以上が飼育されている室内動物園。DATA ⊗⊤TOWN HALL駅から徒歩10分 ⊕Aquarium Pier⊗1800-206-158⊕10〜17時(入園は〜16時)⊗なし⊕A$44 PHOTO コアラと記念撮影できるコーナーもある(有料)

シー・ライフ・シドニー MAP P47B2
Sea Life Sydney Aquarium

オーストラリア全土の水棲生物700種を集めた巨大水族館。映画『ファインディング・ニモ』でおなじみの熱帯魚が生息する海など、10の展示エリアに分かれる。DATA ⊗⊤TOWN HALL駅から徒歩10分 ⊕Aquarium Pier⊗1800-199-657⊕10〜18時(入園は〜17時)⊗なし⊕A$55

ザ・スター MAP P106A2
The Star

国内最大級のカジノをはじめ、レストランやナイトクラブもある一大エンターテインメント・コンプレックス。DATA ⊗シドニー・ライト・レールTHE STAR駅からすぐ⊕80 Pymont St.⊗(02)9777-9000⊕24時⊗なし Ⓛ

B

エリアガイド

パディントン

Paddington

パディントン・タウン・ホール　　店先のディスプレイもかわいい

テラスハウスが立つ閑静な住宅街

流行発信地として話題の注目エリア

オックスフォード通りを中心にブティックやカフェ、レストランなど、おしゃれな店が集まる**シドニーの流行発信地**。ここにはじめて店を構えたデザイナーが世界に羽ばたくケースも多く、**新ブランド発祥の地**としても注目されている。ヨーロッパを思わせるヴィクトリア調のテラスハウスが立ち並び、そぞろ歩くだけでも楽しい。

サーキュラー・キー駅またはエリザベス通りから333·380·M40番、セントラル駅から440番のバス、またはボンダイ·ツアー（→P98）でパディントン·タウン·ホール下車

タビトモ的 Best 3

1. 注目ブランドをチェック
オックスフォード通りとウィリアム通りをチェック。新ブランドの発見も？ **➡P50**

2. 土曜ならマーケットへ
毎週土曜に開かれるパディントン·マーケットはシドニー最古の市場。午前中がよい **➡P57**

3. テラスハウスの街並み
シドニー近郊で最もいい状態で保存されたヴィクトリア調のテラスハウスを散策しよう **➡P51**

マチ読みグラフ

グルメ度
ショップ度
カルチャー度
エンタメ度
ナイトライフ度
眺望度

アドバイス シティ寄りのエリアはクラブやバーが多く、夜間は傷害事件も多いので、街歩きの際に注意が必要。

パディントン教会で開かれるマーケット

「パディントン」の オススメ教えてください

オックスフォード通りはローカルアーティストのお店がたくさんあるわよ

おしゃれなカフェでコーヒーを飲みながらまったりするのがオススメ

地元のアーティストも集まるパディントン・マーケット（➡P57）は見るだけでも楽しいわ！

エリアウォッチ密着24h

6:00 朝からジョギングやウォーキングする人多し

7:00 カフェで朝食が一般的

8:00 シティ方面へ出勤する人たちでバスが混雑

9:00

10:00 ショップ開店。天気がよければ、土曜限定の野外マーケットがオープン →P57

カフェが比較的空いている

11:00

12:00

13:00 ちょっと遅めのランチをとる人でレストランが賑わう

14:00 ショッピングする人で店が賑わう

15:00 土曜限定の野外マーケットはこの時間に終了

16:00

17:00 ショップ閉店

18:00 帰宅ラッシュでオックスフォード通りは渋滞に…

19:00 ディナー・タイム。自宅に帰る前に近所のレストランで簡単に食事を済ませる人も

20:00

21:00 賑やかなパブで一杯いかが？

22:00

23:00

パディントン①

Paddington

ハイレベルなショップ多し!トレンド発信地区

おしゃれなブティックやカフェ、レストランが集まる流行発信地。世界が注目するオーストラリアン・デザインを見逃すな!

🛍 ゴーマン
Gorman

MAP P50A1

メルボルンのデザイナーによる、シックでモダンなファッションブランド。繊細な装飾が施されたワンピースなどが揃う。**DATA** ❽パディントン・タウン・ホールから徒歩6分 ⓐ118 Oxford St.☎(02)9360-6892⏰10～18時(木曜は～20時、日曜は11～17時)❻なし **PHOTO**(右)カジュアルウェアA $120～

🛍 イソップ
Aesop

MAP P50A1

メルボルン生まれのボタニカル・コスメ。世界中で評価が高い。ストランド・アーケード店もある。**DATA** ❽パディントン・タウン・ホールから徒歩6分 ⓐ3a Glemore Rd. Paddington☎(02)9358-3382⏰10～18時(木曜は～20時、日曜は～17時)❻なし **PHOTO**新製品がいち早く届くフラッグシップ・ショップ

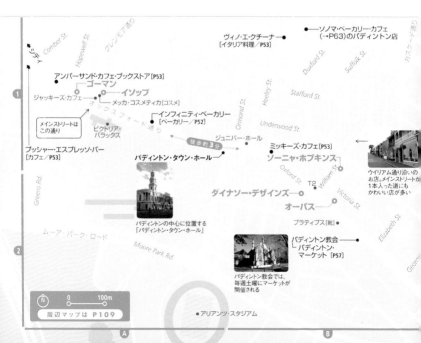

ヴィノ・エ・クチーナ● [イタリア料理/P53]

●ソノマ・ベーカリー・カフェ (→P63)のパディントン店

アンバーサンド・カフェ・ブックストア [P53]

ゴーマン

ジャッキーズ・カフェ● ● イソップ

● メッカ・コスメティカ [コスメ]

インフィニティ・ベーカリー ● [ベーカリー/P52]

メインストリートはこの通り

ビクトリア・バラックス

ジュニパー・ホール

ミッキーズ・カフェ [P53]

プッシャー・エスプレッソ・バー [カフェ/P53]

ソーニャ・ホプキンス

ウイリアム通り沿いのお店。メインストリートから1本入った道にもかわいい店が多い

パディントン・タウン・ホール

徒歩約3分

ダイナソー・デザインズ ●

オーパス

パディントンの中心に位置する「パディントン・タウン・ホール」

プラティプス [靴] ●

パディントン教会 ● パディントン・マーケット [P57]

パディントン教会では、毎週土曜にマーケットが開催される

ⓃN 0 100m

周辺マップは P109

● アリアンツ・スタジアム

Comber St. / Hopewell St. / グレンモア通り / シティ / Greens Rd. / ムーア・パーク・ロード / Moore Park Rd. / Heeley St. / Ormond St. / Stafford St. / Underwood St. / Oxford St. / Duxford St. / Suffolk St. / カスカード通り / Victoria St. / William St. / Elizabeth St. / T2

豆知識

テラスハウスって何?

パディントンには、隣同士の家が壁一枚でつながった、日本でいう長屋形式の住居「テラスハウス」が多い。間口は狭いが、内部は奥へと長く延び、裏庭がある造りで、隣接した壁に2軒で1つの煙突を共有する暖炉が設けられているのも特徴。

ソーニャ・ホプキンス MAP P50B1
Sonya Hopkins

色づかいのきれいなニットを手がける地元デザイナー、ソーニャ・ホプキンスさんの店。女性らしさを強調したキュートなウェアが揃う。**DATA** ⊗パディントン・タウン・ホールから徒歩5分 ⊕17 William St.⊗(02)9380-8030⊕10～18時⊗日曜 **PHOTO** 店内は整然としてモダンな感じ

サイモン・ジョンソン MAP P51C2
Simon Johnson

クオリティ重視の食材を扱う高級グルメストア。**DATA** ⊗パディントン・タウン・ホールから徒歩15分 ⊕55 Queen St.⊗(02)8244-8255 ⊕9～18時(土曜は～17時、日曜は10～16時)⊗なし

フラット・ホワイト[レストラン/P52]

センテニアル・スクエア

クイーン通り

サイモン・ジョンソン

ダイナソー・デザインズ MAP P50B2
Dinosaur Designs

1985年のオープン以来、トレンドを意識したアクセサリーとホームウェアで、世界中から注目を集めるブランド。手作りと質感にこだわったカラフルなオブジェは、サーフ・ボードに使われる樹脂を利用。**DATA** ⊗パディントン・タウン・ホールから徒歩4分 ⊕339 Oxford St.⊗(02)9361-3776⊕9時30分～17時30分(土曜は10～17時、日曜は11～17時)⊗祝日 **PHOTO** (下左)独特な色の食器A$200(下右)ブレスレットA$105

オーパス MAP P50B2
Opus

カードやキッチン用品、コスメまでバラエティあふれる雑貨を揃えるセレクトショップの老舗。ユニークなギフト探しにもってこい。**DATA** ⊗パディントン・タウン・ホールから徒歩5分 ⊕354 Oxford St.⊗(02)9360-4803⊕9～18時(木曜は～19時30分)⊗なし

パディントン②

Paddington

オージームード満点 レストラン・カフェ

酒店で買ったお気に入りワインを持ち込める店や、地元オージー人気の店へ。ご近所の常連さんと一緒に盛り上がろう!

豆知識
B.Y.O.って何?

Bring Your Own(自分で飲むお酒は自分で持参)の頭文字をとった略語で、酒類の持込みOKという意味。ただしボトルワインのみ。持込料がかかることも。

フラット・ホワイト
MAP
P53C1

Flat White

朝食がおすすめ。朝からワインを楽しむ人も。**DATA** ✕パディントン・タウン・ホールから徒歩20分 ⊕98 Holdsworth St.☎(02)9328-9922⊕7〜15時(日曜は8時〜)⊛なし Ⓑ(無料)

インフィニティ・ベーカリー
MAP
P52A1

Infinity Bakery

ガラス越しに店内奥の厨房が見渡せベーカリーの雰囲気が漂う。職人手作りのパイやペイストリー、タルトも楽しみたい。**DATA** ✕パディントン・タウン・ホールから徒歩6分 ⊕178 Oxford St.☎(02)8097-1462⊕6時30分〜16時(日・日曜は〜17時30分)⊛なし **PHOTO**(左)ビーフパイ&サラダA$10.50

周辺マップは P109

オージー・スタジアム●

ヴィノ・エ・クチーナ
Vino e Cucina

カジュアルだが、本格的なイタリアンが楽しめる。スタッフがフレンドリーで、アットホームな雰囲気。月曜はマッド・ピザ・ナイトですべてのピザがA$25。**DATA** ⊗パディントン・タウン・ホールから徒歩5分⑱211 Grenmore Rd.☎(02) 9331-7389⑲17時～21時30分（月曜は17～21時、金・土曜は12～22時、日曜は12～21時）⑭なし Ⓛ **PHOTO**（左）テラス席もある（右上）スモークハムとピクルスの盛り合わせ（右下）パリッとおいしいピザ

プッシャー・エスプレッソ・バー
Pusher Espresso Bar

飾らない雰囲気ながらどこかスタイリッシュなたたずまい。焼きたてがウリのフレッシュマフィン(A$5)をはじめ、軽食メニューも充実。**DATA** ⊗パディントン・タウン・ホールから徒歩8分⑱3/1-11 Oxford St.☎0488-561639⑲6時30分～16時(金曜は～15時、土曜は7時30分～)⑭日曜、祝日 **PHOTO** マフィンとコーヒーのセットが一番人気

アンパーサンド・カフェ・ブックストア
Ampersand Cafe Bookstore

テラスハウスを改装したカフェ。3万冊を超える古本が壁一面を埋め尽くしている。**DATA** ⊗パディントン・タウン・ホールから徒歩8分⑱78 Oxford St.☎(02) 9380-6617⑲7時～17時30分(土・日曜は8時～)⑭なし **PHOTO**（左）パディントンの若者に人気（右）コーヒーはA$3.50～

ミッキーズ・カフェ
Micky's Cafe

評判のチーズケーキA$12のほか、サンドイッチなどの軽食から肉料理まで食事メニューも充実している。**DATA** ⊗パディントン・タウン・ホールから徒歩2分⑱268 Oxford St.☎(02)9361-5157⑲11時～深夜(土・日曜は9時～)⑭なし Ⓑ (A$8/ワイン1本) **PHOTO** かなり甘～いマーズバー・チーズケーキ

だいたい **10**分

from パディントン

パディントンの西側サリー・ヒルズと北側ダーリングハーストにも注目店が多い。パディントンからはタクシーで。

ノーマッド
Nomad
MAP P108A1

厳選素材を使ったアラカルトメニューが豊富に揃う。中央にオープンキッチンが配された活気あふれる空間に美食ブームを実感できる。要予約。**DATA** ⊗ ⓉMUSEUMから徒歩7分 ⓐ85 Commonwealth St.☎(02)9280-3395働12時 〜14時30分、18〜22時(金・土曜は17時30分〜)働日曜 Ⓛ **PHOTO**(上左)生ハムと前菜の盛り合わせA\$29(上右)ジューシーな子羊のグリルA\$38

ベイ・ホン
Bay Hong
MAP P108B1

各国要人の料理人を務めた名シェフのレシピを受け継ぐレストラン。凝った料理はどれも一級品。**DATA** ⊗ ⓉMUSEUM駅から徒歩10分 ⓐ294 Crown St.☎(02)9360-8688働17時30分〜21時30分(金・土曜は〜22時30分)働火曜 **PHOTO**(右)蒸しエビ餃子A\$15(4pc)

ビルズ
Bills
MAP P109C1

「世界一の朝食」として名高いカフェ。**DATA** ⊗ ⓉKINGS CROSS駅から徒歩15分 ⓐ433 Liverpool St.☎(02)9360-9631働7時30分〜14時30分(日曜は8時〜)働なし Ⓛ **PHOTO**(左)看板メニューはリコッタ・ホットケーキA\$23.50

クートッシュ
Kürtosh
MAP P108B3

ハンガリーのトラディッショナルなペストリー、クートッシュで有名。クートッシュは店内で生地から作り焼いているので、できたてが食べられる。グルテンフリーの大きなスラブケーキは計り売りなので欲しいグラム数を伝えて買おう。**DATA** ⊗ ⓉCENTRAL駅から徒歩17分 ⓐ604-606 Crown St.☎(02)9698-6643働8〜22時(土・日曜、祝日は9時〜)働なし

PHOTO(上)店名にもなっているクートッシュはA\$7.50〜9.50(左)店内で生地から作っている(中)ローカル客も多く利用している

バーク・ストリート・ベーカリー MAP P108B3
Bourke Street Bakery Surry Hills

サワーブレッドやタルト、キッシュなど焼きたての手作りパンが大人気のベーカリー。イートインもできるが、屋外の簡易席で食べる人もたくさん。行列は覚悟しておこう。**DATA** ⊗①CENTRAL駅から徒歩13分⑬633 Bourke St.⑤(02)9699-1011⑭7〜18時(土・日曜は〜17時)⑭なし **PHOTO** 梨のデニッシュA\$4.50、(右下)レモンタルトA\$5.50、クロワッサンA\$3.50

ルミエール MAP P108B2
Lumiere

並木道に面したオープン・カフェ。天気のよい日は、開店とともにアウトドア席が満席になる人気ぶり。**DATA** ⊗①CENTRAL駅から徒歩15分⑬Shop 13, 417 Bourke St. ⑤(02) 9331-6184⑭7時〜14時30分⑭なし ⓛ **PHOTO** (左) スパゲッティ・ブラウン A\$22

ヴィヴィッド・ショップ MAP P108B2
Vivid Shop

世界中から集められた生活雑貨やアクセサリー、ギフトのセレクトショップ。ほとんどの商品がハンドメイド。**DATA** ⊗①CENTRAL駅から徒歩15分⑬558 Crown St.⑤(02) 9699-3447⑭11〜18時(土・日曜は〜17時)⑭なし **PHOTO** 手作りのぬくもりが感じられる

オーストラリアン・デザイン・センター MAP P107D3
Australian Design Centre

地元アーティストの育成とプロモーションを目的に設立されたNPO団体が運営するギャラリー。アーティストが作ったアクセサリーやインテリア用品を販売するショップも併設。**DATA** ⊗①KINGS CROSS駅から徒歩7分⑬113-115 William St.⑤(02) 9361-4555⑭11〜16時⑭月・日曜⑭無料ⓊⓇⓁaustraliandesigncentre.com **PHOTO** 非営利団体が運営。企画展は月替わり、期間限定で開催される

もっと？

業界人御用達の2つのエリア

パディントンとシティの中間に位置するサリー・ヒルズ(**MAP**P108A〜B2)とダーリングハースト(**MAP**P109C1)。このエリアはカフェやレストランが多く、メディアやファッション関係者が集うことで知られる。シドニー・トレインCENTRAL駅とKINGS CROSS駅が最寄り。夜は治安が悪い。

週末は青空の下で shopping
野外マーケットへ行こう

↑出店数は200以上

シドニーには週末に開催される野外マーケットがいくつかある。アーティストの手によるオリジナル作品も多く、お気に入りがきっと見つかること請け合いだ。

スペシャライジング・イン・ブーメランスのオーストラリアン・ブーメラン **A$24**
←旅の思い出として部屋に飾るのもいいかも

ゴジョ・デザインのマグネット **各A$8**
↑マグカップやコースター、お皿なども販売している

> エルレンマイアーの動物たちはいつも優しくあなたの側に寄り添うような存在です。

ジョーさん

エルレンマイアーのトートバック **A$25**
↑楽器を持ったかわいいキャラクターたちが描かれている商品がたくさん

ウゥッフ・イット・ダウンのランチングカンガルー **A$12**
↑坂道に置くとゆっくり下っていくのがかわいい

バイ・ピュア・プレジャーのナチュラルキャンドル **A$10**
←キャンドルが溶けた後のロウはマッサージオイルとしても使用できる

ザ・オリーブ・ツリーのせっけん **A$8**
↑夫婦が手作りするカラフルなソープや入浴剤が並ぶ

> 香水はひとつひとつ愛を込めて手作りしています!

フリーリンさん

アメイシンの香水 **A$75**
←100%天然植物エキスを使用したアイ・アム・エナジー（30㎖）という名前の香水

エコ・フード・ラップのビーワックスラップ **各A$9〜**
←洗って何度も使える、蜜蝋を浸透させて作られた再生可能なラップ

開催日
金・土・日曜

ロックス **MAP P28A1**

ロックス・マーケット
The Rocks Markets

おみやげにぴったりのアイテム
ロックスエリアの中心で毎週末開かれるマーケット。アート作品やファッション、ジュエリー、コスメ、食品類など、店の業種が豊富。

DATA 交 ⓣCIRCULAR QUAY駅から徒歩10分 住 George & Playfair Sts. 時 金曜9〜15時、土・日曜10〜17時
※天候により変動

食べ歩きっ!

メアリー・ポップスのアイスキャンディー **A$6**
→フルーツをたっぷり使用したアイスキャンディー

ロクマのドーナツ **A$6**
←トルコの伝統的なお菓子。味はピスタチオが一番人気

バイ・ザ・シー・コレクションのコルク財布 **A$69**
↑すべてリサイクルコルクでできた、環境にやさしいお財布

このマーケットでは、生産者と会話しながら楽しくショッピングができるよ!

ケイシーさん

ケイシーズの
ハニーチョコレート
A$15

Hokey Pokey

→キャラメルに絡ませたカリカリのハニー・コームをチョコレートでコーティング

開催日 土曜

パディントン **MAP 50B2**

パディントン・マーケット

Paddington Market

地元色あふれるオリジナルの逸品

シドニー近郊で最も歴史のあるマーケット。新人アーティストがここを足がかりにデビューすることもあり、オリジナリティあふれる作品が見つかる。出店数は150以上。

DATA 交 サーキュラー・キーまたはエリザベス通りからバス380番で15分
住 395 Oxford St. 時 土曜10〜16時

BEAUTY OF ALOE

アロエ・ベラの
ハンド&ボディー
ローション **A$15**

→シドニーメイドのナチュラルアロエスキンケア

食べ歩きっ!

フェルフェラの
フェルラフ・
オリジナルプレート
A$13

→新鮮な野菜をふんだんに使ったビーガンプレート

ビーフ・コフタの
ビーフコフタラップ
A$12

→店主が手作りするビーフ・コフタ(肉団子)が入ったラップ

ラタタック・セラミックの
タンブラー **A$35**

↑オーストラリアらしい、エコでキュートなデザインの陶器タンブラー

エコ・ショップ・
コーの
エコストロー
セット **A$15**

↑エコストロー2点&掃除用ブラシと袋のセット。My ストローを持ち歩いてエコに貢献しよう

ピクチャーボーズラスの
セラミックコースター
各A$5

→オーストラリアらしいデザインのコースターはおみやげにもぴったり

アナトーレ・フェイマス・
ペインティングスの
ポーチ A$15
コインケース A$10

↑30年以上夫婦でハンドメイドポーチやコインケースを作っている

カフェインの
イニシャル入り
エアポッツケース
各A$31

↓その場で革製品にイニシャルを入れてくれる

ボブ・ウィンドウの
クッションカバー
A$40

↑シドニーメイドのカラフルなクッションカバーがたくさん

↓午後は混雑するので、午前中がおすすめ

ベアフット・アンド・
ブロンドの
ネックレス&チャーム
A$40

→天然石をちりばめたハンドメイドのネックレスとチャーム

私の作ったジュエリーをさまざまな国の方に身につけてもらえるのはとってもうれしい!

こっちも行っとく？
モアタウン エリア 5

>> サーファーの聖地

1 ボンダイ 【Bondi】　➡ P60

ライフセーバー発祥の地。ビーチ沿いには遊歩道が
整備され、散策を楽しむ人の姿も多い。
🚌サーキュラー・キーからバス333・380番で45分。
または、ボンダイ・ツアーでバス停ボンダイ・ビーチ前
下車

>> アートあふれる学生街

2 グリーブ 【Glebe】　➡ P62

若手アーティストの作品を展示するギャラリーや学生
向けの店が多い。土曜にはマーケットも。
🚌ⓉTOWN HALL駅またはCENTRAL駅からバス
431・433番で15分、グリーブ小学校前下車。または、
シドニー・ライト・レールGLEBE駅下車

>> 昼間も元気なネオン街

3 キングス・クロス 【Kings Cross】　➡ P64

ライブハウスなどのほか、気の利いたレストランやバー
も集まる、昼夜問わず賑やかなスポット。
🚌ⓉKINGS CROSS駅下車

「コカ・コーラ」の巨大な看板が
キングス・クロスの入口

N　0　1km　2km

CHATSWOOD

NORTH
SYDNEY

タロンガ動物園

シドニー・
オペラ・ハウス

ロックス＆
サーキュラー・キー
P26

シドニー・
タワー・アイ

キングス・
クロス
3

ダーリング・
ハーバー
P42

シティ
P34

SYDNEY

セントラル駅

2
グリーブ

ムーア・
パーク

P104

マストタウンを巡って、まだ時間がある人におすすめのエリアは5つ。サーファーに人気のボンダイ、のんびりムードが漂うマンリー、昼も楽しめるネオン街キングス・クロス、高級住宅街のモスマン、学生街グリーブ。中心部からはフェリーとバスでアクセス!

サーフィンは気軽な市民スポーツ

マンリー

⑤

MANLY　マンリー・ビーチ

>> シドニー有数の高級住宅街

④ モスマン 【Mosman】　➡ P66

メインストリートに小粋な雑貨店やカフェが軒を連ねる海辺の街。タロンガ動物園からも近い。
🚌シドニー・フェリーMOSMAN BAYから接続バスで3分、モスマン高校前下車。または、シドニー・フェリーMOSMAN BAYから接続バスで6分、スピット・ジャンクション下車

>> 魅力満載のビーチリゾート

⑤ マンリー 【Manly】　➡ P68

ボンダイと並ぶ人気のビーチリゾートで、週末にはサーファーや家族連れで賑わう。
🚌シドニー・フェリーMANLY TERMINAL下船

波も穏やかなのんびりムードの
マンリー・ビーチ

白砂のビーチを有し、大波が寄せるボンダイ・ビーチ

④ モスマン

ニールセン
パーク

パディントン
P48

BONDI

コンテニアル・
パーク

クイーンズ・
パーク

ボンダイ・
ビーチ

ブロンテ・
ビーチ

ボンダイ

①

ボンダイ

Bondi

サーファーの聖地で
ビーチ文化を体感!

東海岸を代表するビーチへ。白砂と青い海が眩しいサーファー天国は、海の安全を守るライフセーバー発祥の地でもある。

ビッグ・スイム
The Big Swim

MAP P61A2

サンシーカー、ジェッツ、シーフォリーなどの華やかなオーストラリアの水着ブランドが手に入るショップ。**DATA** 🚌アイスバーグス・プールから徒歩5分🏠74 Campbell Parade.☎(02)9130-1511🕐10〜18時(土・日曜は9時30分〜)❌なし **PHOTO**(右)シーフォリーの水着はトップA\$60〜、ボトムA\$50〜

アイスバーグス・ダイニング・ルーム・アンド・バー
Icebergs Dining Room and Bar

MAP P61A2

地中海料理の店。要予約。**DATA** 🚌ボンダイ・ビーチ前バス停から徒歩8分🏠1 Notts Ave.☎(02) 9365-9000🕐12〜16時、18時30分〜24時(土・日曜は〜22時)❌なし Ⓛ **PHOTO**(左)フィッシュ・オブ・ザ・ディ

ビトウィーン・ザ・フラッグス
Between the Flags

MAP P61A1

Tシャツやタンクトップ、センスのいいビーチ・ウエアが揃う。タオルなどの小物も充実。**DATA** 🚌ボンダイ・ビーチ前バス停からすぐ🏠Shop 8, 152-158 Campbell Pde.☎(02) 9365-5611🕐9〜20時❌なし **PHOTO**Tシャツやキャップはみやげにぴったり

ポンペイズ
Pompei's

MAP P61A1

手作りジェラートが人気。ピザやパスタもおすすめ。**DATA** 🚌ボンダイ・ビーチ前バス停から徒歩3分🏠126-130 Roscoe St.☎(02) 9365-1233🕐12〜21時❌なし Ⓑ(A\$2／1本。ワインのみ) Ⓛ **PHOTO** ジェラートは1スクープA\$6〜、ピザA\$25〜、パスタA\$25〜

ボンダイ・ウォッシュ
Bondi Wash

MAP P61A1

世界中からこだわって集められたエッセンシャルオイルを贅沢にブレンドした、まるで香水のような調合が施されたボディケア製品が揃う。**DATA** 🚌ボンダイ・ビーチ前バス停から徒歩3分🏠76 Gould St., Bondi☎(02)9365-5609🕐10〜18時(日曜は〜17時)❌なし

🍴 ハリケーンズ・グリル & バー
Hurricane's Grill & Bar

MAP P61A1

名物ポークリブが人気。テーブル席でビーチを眺めながら食べよう。夜は隣のレストランでも注文可。 DATA ⊗ボンダイ・ビーチ前バス停から徒歩3分 ⊕130 Roscoe St.☎(02)9130-7101⏰12～22時 ⊗なし Ⓛ PHOTO ポークリブはフルサイズA\$58、ハーフサイズA\$46

🍴 ハリーズ・ボンダイ
Harry's Bondi

MAP P61B1

ブレックファストやランチメニューが充実しているので、ボンダイ・ビーチを散歩したあとのブランチに最適。 DATA ⊗ボンダイ・ビーチ前バス停から徒歩2分 ⊕2/136 Wairoa Ave.☎(02)9130-2180⏰7～16時 ⊗なし PHOTO (左)ビーチ・バーガーA\$16

ひと足のばして

ボンダイから
ブロンテ・ビーチへ

シドニーの東海岸沿いには、ビーチが連なっている。ボンダイ・ビーチ沿いには整備された遊歩道があり、南へ30分ほど歩くと地元の人が集う小さなビーチ「ブロンテ」に到着する（MAP P105D3）。海を眺めながら爽快なウォーキングを楽しもう。

グリーブ

Glebe

アートあふれる学生街で感性を磨こう!

2つの大学に隣接し、学生やアーティストが多く暮らす。ボヘミアンな雰囲気の町は、斬新なアイデアとおもしろい発見がいっぱい。

グラス・アーティスト・ギャラリー MAP P62B2

Glass Artists' Gallery

国内ガラス・アート第一人者が自らの作品展示と新進アーティスト発掘のために開設したギャラリー。**DATA** ⊗シドニー・ライト・レールGLEBE駅から徒歩12分 ⊕Level 1, 68 Glebe Point Rd.☎(02)9552-1552 ⊕11〜17時 ⊗日〜火曜 ⊕無料 **PHOTO** 店は青いサインが目印

ショッツ・カフェ&ギャラリー MAP P104A3

Shots Café & Gallery

カジュアルな雰囲気のカフェ。店内にはローカルの写真家の作品が飾られている。$48〜販売もしている。**DATA** ⊗Glebe Point Rd.とParramatta Rd.のバス停前 ⊕11 Glebe Point Rd.☎(02)8957-2639 ⊕8〜17時 ⊗日曜 **PHOTO** お気に入りの写真が見つかるかも

シドニー・ライト・レール Sydney Light Rail

Toxteth Rd.
Boyce St.
Wigram Rd.
Hereford St.
Ross St.
Glebe Point Rd.
Bridge Rd.
St. Jones Rd.

Railway St.
Bridge Rd.
グリーブ駅 GLEBE STN.
Lyndhurst St.
St. Johns Rd.
Wentworth Park Rd.
Wentworth St.
Mitchell St.
Broughton St.
Cowper St.
Norton St.
Glebe St.
Queen St.
Crown St.
Glebe St.
Greek St.
Bay St.

シティ
ウエントワース公園
Wattle St.

シドニー市内中心部からはバスが便利

Cowper通りの住宅街で、ウォール・アートが見られる

徒歩約3分

フィッシュ・オン・ファイヤー
ソノマ・ベーカリー・カフェ

英国国教会 ● 郵便局

19世紀イタリア様式のタウン・ホールは必見!

グリーブ・タウン・ホール
グラス・アーティスト・ギャラリー

グリーブ小学校 ●

サン・チュロ ┌ **ダーティー・**
レッド

● ブロードウェイ・ショッピングセンタ

ショッツ・カフェ&ギャラリー ── ニュータウン

Ⓝ 0 ─── 200m
周辺マップは P104

A   B

フィッシュ・オン・ファイヤー MAP P62A2
Fish on Fire

シドニーのフィッシュ&チップス店ランキングで上位入賞の店。新鮮なコチを使用し、クリスピーな衣で揚げている。バーガーや魚のグリルも安くてうまいと評判。 **DATA** ⊗シドニー・ライト・レールGLEBE駅から徒歩6分⊕217A Glebe Point Rd.☎(02)9660-4212⊕10～21時⊕なし Ⓑ(無料) **PHOTO** バーガー類はA$6.50～

サン・チュロ MAP P62B2
San Churro

スペインのドーナツといわれるチュロスとチョコレートの店。甘くてとろりとしたチョコレート・ドリンクが人気。チョコレートはおみやげにもおすすめ。 **DATA** ⊗シドニー・ライト・レールGLEBE駅から徒歩15分⊕47 Glebe Point Rd.☎(02)9692-0119⊕11時～22時30分（土曜は9～23時）⊕なし **PHOTO**（右）チュロス&フルーツ（2人前）A$21

ソノマ・ベーカリー・カフェ MAP P62A2
Sonoma Bakery Cafe

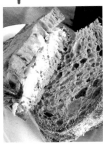

オーガニックの粉、水と塩で焼き上げたシンプルなサワードゥ・ブレッドで人気のベーカリー直営カフェ。ライ麦と天然酵母が主原料のパンを使ったサンドイッチなどが好評だ。 **DATA** ⊗シドニー・ライト・レールGLEBE駅から徒歩6分⊕215a Glebe Point Rd.☎(02)9660-2116⊕7～15時⊕なし **PHOTO** チキン・ウォールナッツ・サンドA$13

ダーティー・レッド MAP P62B2
Dirty Red

味も雰囲気も申し分のない、気軽に寄れる憩いのカフェ。コーヒー豆にこだわり、人気店MECCA（メッカ）の豆を使用。店内奥には中庭もあり、天気がいい日には外でブランチとコーヒーを楽しみたい。 **DATA** ⊗シドニー・ライト・レールGLEBE駅から徒歩13分⊕41 Glebe Point Rd.☎(02)9566-1225⊕7時～15時30分（土・日曜は8～16時）⊕なし Ⓛ

ひと足のばして
お隣の学生街ニュータウンへ

シドニー大学を挟んだ隣町ニュータウン（**MAP** P103A3）へは、シドニー大学の構内を歩いて25分ほど。学生街として開け、カフェやレストラン、ショップがひしめくホットなエリアだ。話題の店も多いので一度足を運んでみては。

キングス・クロス

Kings Cross

昼間も元気なネオン街 お気に入りの店を探しに!

南半球一の歓楽街といわれるけれど、明るいうちから楽しめるスポットも多い。安くておいしい店を探してGO!

ガゼボ・ワイン・バー&ダイニング　MAP P65A2

Gazebo Wine Bar & Dining

フィッツロイ公園に面した開放的な雰囲気が人気のワイン・バーは、まだ明るいうちにオープン。常時60〜100種類あるワインはすべてグラスでオーダーでき、ワインに合うおいしい料理も揃っている。曜日によってお得なメニューがあったり、ライブなどのイベントも実施している。おすすめはシェフス'BBQチキン

A$28や、バッファロー・ハロウミAS$23など。**DATA** ✖ ⊤KINGS CROSS駅から徒歩6分 🚇2 Elizabeth Bay Rd.☎ (0419) 496-011🕐17〜23時 (土曜は13〜24時、日曜は13〜22時) 🈺月曜 Ⓛ **PHOTO** 手前がセミハードタイプのチーズ、ハロウミ。グラス・ワインA$10〜

チャコバー　MAP P65A2

Chaco Bar

地元のグルメたちで賑わう本格焼き鳥専門店。炭火を使用し、シンプルながらもアレンジの効いたメニューを、おいしいお酒といっしょに楽しみたい。日本酒、焼酎からワインまで充実の品揃え。**DATA** ✖ ⊤ KINGS CROSS駅から徒歩1分 🚇186-188 Victoria St.☎(02)8593-4567🕐17時30分 〜22時🈺月 曜 日ス 日メ Ⓛ

☕ トロピカーナ　MAP P65A2

Tropicana

地元の人々のお気に入りカフェ。サンドイッチやサラダ、パスタなど軽食メニューも豊富で街歩き時のひと休みに。**DATA** ✖ ⊤KINGS CROSS駅から徒歩3分 🚇227 Victoria St.☎ (02) 9360-9809🕐5時30分〜22時🈺なし **PHOTO** エビのパスタA$23

もっとディープに

夜の街歩きは ご用心!

キングス・クロスは東京の歌舞伎町のような街。夜は飲み屋街につきものの酔っ払いだけでなく、麻薬常習者や売人も多くなり、治安はかなり悪い。日没後はメイン・ストリートであるダーリング・ハースト通りを歩き、裏道には入らないこと。

リトル・キャンドル・ショップ `MAP P65A2`

The Little Candle Shop

アロマキャンドルのほか、フランス人オーナーが集めたアロマグッズが豊富に揃う。**DATA** 🚇Ⓣ KINGS CROSS駅から徒歩3分 🏠133 Macleay St. Potts Point☎(02) 9331-5822🕐10〜18時（木曜は11〜19時、土曜は9時30分〜17時30分、日曜は10時〜16時30分）🛑祝日

カフェ・ヘルナンデス `MAP P65A2`

Café Hernandez

70年代から質の高いコーヒーを提供し、常連客が絶えない老舗。名物チュロスはやさしい味。**DATA** 🚇Ⓣ KINGS CROSS駅から徒歩6分 🏠60 Kings Cross Rd.☎(02) 9331-2343🕐6時 〜 翌1時（金・土曜は24時間）🛑なし **PHOTO**（右）人気のチュロスA$3はスパニッシュ・チョコラテA$7.80にたっぷりつけて

クロッソン・ドー `MAP P65A1`

Croissant D' or

こぢんまりとしておしゃれなパティスリー。色とりどりのケーキやチョコレート、パンなどがずらりと並んでいる。**DATA** 🚇Ⓣ KINGS CROSS駅から徒歩6分 🏠117 Macleay St.☎(02)9358-6014🕐6時30分〜18時(土・日曜は7〜16時)🛑なし **PHOTO** メレンゲのダックA$2.90

```
N  0        100m
周辺マップは P104
```

Challis Ave.
Rockwall Cres.
Brougham St.
Victoria St.
ポッツ・ポイント
エリザベス・ベイ
Manning St.
デヴィア Ⓗ Devere Hotel
Tusculum St.
Greenknowe Ave.
Hughes St.
キングス・クロス・オーガニック・マーケット
エル・アラメイン噴水 クロッソン・ドー
Orwell St. 徒歩約3分
Baroda St.
フィッツロイ庭園
Earl Pl.
エル・警察
アラメイン噴水
チャコ・バー Ⓗ
Ward Ave.
スプリングフィールドロッジ
Springfield Lodge
ガゼボ・ワイン・ガーデン
リトル・キャンドル・ショップ
キングス・クロス駅入口
Darlinghurst Rd.
Kellett St.
キングス・クロス駅
KINGS CROSS STN.
Bayswater Rd.
セント・ルークス病院
Roslyn St.
カフェ・ヘルナンデス
トロピカーナ
ここに巨大な「コカ・コーラ」の看板がある
パディントン

キングス・クロス・オーガニック・マーケット `MAP P65A1`

Kings Cross Organic Market

毎週土・日曜にフィッツロイ公園で開催されるオーガニック専門マーケット。野菜や果物だけでなく、コーヒーやオリーブオイル、パン、ケーキが並ぶ。その場で食べられるものもあるので、朝食やランチタイムに利用するのもおすすめ。**DATA** 🚇Ⓣ KINGS CROSS駅から徒歩6分 🏠Fitzroy Gardens, Macleay St.🕐土・日曜8時30分〜14時 **PHOTO** フィッツロイ公園内北側に露店が並ぶ

モスマン

Mosman

センスが光る
ショッピングストリート!

シドニーっ子憧れの住宅街モスマン。メイン通りにはセンスのいい店がいっぱい。のんびりと自分だけのとっておきを探そう。

カントリー・ロード
Country Road
MAP P67B1

ベーシックなデザインが幅広い層に人気。市内近郊で最大級の店舗。**DATA** ⊗スピット・ジャンクションから徒歩6分⊕742 Military Rd.☎(02)9960-4633⊕9時30分〜17時30分(土曜は〜17時、日曜は11〜17時)⊛なし **PHOTO** レディスを中心にキッズとインテリア、地下にメンズがある

アカウトリーメント
Accountrement
MAP P67B1

店内にはキッチン雑貨がぎっしり並ぶ。食品類も豊富に揃っている。**DATA** ⊗スピット・ジャンクションから徒歩2分⊕611 Military Rd.☎(02)9969-1031⊕9時〜17時30分(木曜は〜17時30分、土曜は〜17時、日曜は10時〜16時30分)⊛なし **PHOTO** ウォーターボトルA\$36.95〜が人気

デザイン・ストア
The Design Store
MAP P67B1

ユニークでカラフルなキッチン雑貨や日用品がバラエティ豊かに揃う。マグカップA\$5〜。**DATA** ⊗スピット・ジャンクションから徒歩2分⊕682 Military Rd.☎(02)9960-1323⊕9時30分〜17時30分(土曜は〜16時30分、日曜は10時30分〜16時30分)⊛なし

キキ・ケー
kikki.K
MAP P67B1

商品はスウェーデン出身のキキさんがデザイン。**DATA** ⊗スピット・ジャンクションから徒歩8分⊕762-768 Military Rd.☎(02) 8413-0288⊕10〜17時(土・日曜は〜16時)⊛なし **PHOTO** (左)カードホルダーも付いたダイアリーA\$49.99〜

フォー・フロッグス・クレープリー・モスマン
Four Frogs Crêperie Mosman
MAP P67B2

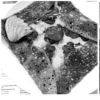

地元の人で賑わうモスマン唯一のクレープ専門店。本場フランスの味が味わえる。**DATA** ⊗スピット・ジャンクションから徒歩10分⊕175 Avenue Rd.☎(02) 9960-1555⊕7時〜16時30分(水・木曜は〜21時、金・土曜は〜21時30分、日曜は〜20時30分)⊛なし Ⓛ

Military Rd.

モスマン
Hotel Mosman

Spit Rd.

Clifford St.

Moruben Rd.

デザイン・ストア

Cowles Rd.

Gurinngai St.

Harbour St.

Nathan Ln.

トランズ

Mandolong Rd.

Military Rd.

Albion St.

アカウトリーメント

Beach Ln.

メイン通りからも海が見える

ここがスピット・ジャンクションとよばれる交差点

M-hgah Rd.

カントリー・ロード
キキ・ケー

Upper Almora St.

アラン・ボーダー・
オーバル(クリケット場)

Gouldsbury St.

Post Office Ln.

Redan Ln.

Redan St.

Muston St.

モスマン公園前の噴水

モスマン小学校

Belmont Rd.

•郵便局

パティソンズ

Wunda Rd.

Noble St.

Gladstone Ave.

Keston Ave.

モスマン高校

徒歩約3分

Kemble Ln.

フォー・フロッグス・
クレープリー・モスマン

Avenue Rd.

Martens Ln.

Raglan St.

タロンガ動物園のフェリー
乗り場から、シドニー市内を
一望できる

0 100m
N

周辺マップは P103

↓ シティ

↓ タロンガ動物園

🍴 トランズ
Tran's

MAP P67A1

常にランキング上位にある人気ベトナム料理店。
生春巻A\$16やバインセオA\$19などの定番料理
が評判。メイン料理A\$19〜、ベトナム風デザート
A\$8〜。**DATA** 🚇スピット・ジャンクションから徒歩2
分 🏠523 Military Rd.☎(02)9969-9275🕐18〜
22時🈺月曜 Ⓑ(A\$5/1人)

☕ パティソンズ
Pattison's

MAP P67B2

コーヒーの香りが漂う店内のショーケースには、色
とりどりのマカロンやケーキがいっぱい。ランチもお
すすめ。**DATA** 🚇スピット・ジャンクションから徒歩15
分 🏠898 Military Rd.☎(0437)449-476🕐7〜
17時(祝日は8時30分〜14時)🈺なし **PHOTO**
(右)キッシュA\$7.80〜

ひと足のばして

対岸に足をのばし
海が見える
動物園へ

タロンガ動物園
Taronga Zoo **MAP P105C1**

オーストラリア固有種だけでなく世界中の動物が集結。
DATA 🚇サーキュラー・キー第2埠頭などからフェリーで12
分。TARONGA ZOO桟橋から徒歩2分 🏠Bradley's
Head Rd.☎(02)9969-2777🕐9時30分〜17時30分
(6〜8月は〜16時30分)🈺なし🈺A\$47

マンリー

Manly

潮風の吹くベイサイドでリゾート気分!

風光明媚なタスマン海とマンリー湾に挟まれた地元っ子お気に入りのビーチ・タウン。陽気でカジュアルな雰囲気が心地いい!

サーフ・ダイブ・スキー [MAP P69B2]

Surf Dive' n Ski

シドニー最多の店舗数を誇る人気サーフ・ショップ。品揃えは実に豊富。ウィンター・アイテムも揃う。**DATA** 🚇マンリー・ワーフから徒歩5分🏠82-86 The Corso☎(02)9976-2680🕙10時 ～17時30分⊗なし

マンリー・サーフボード [MAP P69B1]

Manly Surfboads

地元サーファーも頼りにする本格ショップ。ボードからウェアまでプロ級の店員がアドバイス。レンタルも可。**DATA** 🚇マンリー・ワーフから徒歩8分🏠3/49 North Steyne Rd.☎1300-890-556🕙9～18時⊗なし **PHOTO** レンタルや格安ボードも揃う

ビラボン [MAP P69B2]

Billabong

オーストラリア発の人気サーフ・ブランド。街着にも使えるセンスのいいウェアが揃い、世界中にファンをもつ。マンリー店のみで入手できる小物は要チェック。**DATA** 🚇マンリー・ワーフから徒歩5分🏠63 The Corso☎(02) 8966-9051🕙9～17時30分⊗なし **PHOTO** おみやげにもぴったり

もっと?

オープンな雰囲気の週末限定マンリー・マーケット

コルソ通りに接するビーチ近くのシドニー通り(**MAP** P69B1)では、週末限定でマーケットが開催される。ジュエリーをはじめ、絵画や彫刻などのアート作品、ファッション、コスメ、雑貨などが並び、おみやげを探すのにもおすすめ。周辺で暮らすアーティストの作品は、海をイメージしたシドニーらしいものが多い。手ごろな値段でセンスのいいアイテムが見つかると観光客からも人気。**DATA** 🚇マンリー・ワーフから徒歩7分🏠Adjacent to the Corso, Sydney Rd.🕙土・日曜9～17時

ヒューゴス [MAP P69A2]

Hugo's

国内コンペで毎年ベスト・ピザを受賞。湾を一望できるロケーションもGood。**DATA** 🚇マンリー・ワーフからすぐ🏠Manly Wharf, East Esplanade☎(02) 8116-8555🕙12～24時 (土・日曜は11時30分～)⊗なし Ⓛ **PHOTO** (左)ピザ・ペペローニA$29、サイドメニューA$10～

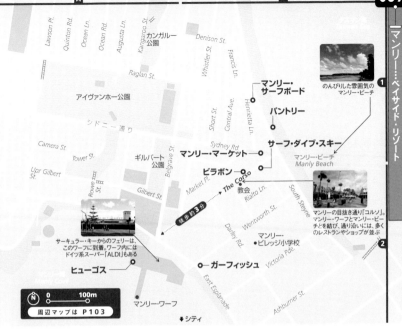

カンガルー公園

マンリー・サーフボード

パントリー

サーフ・ダイブ・スキー

マンリー・ビーチ
Manly Beach

のんびりした雰囲気のマンリー・ビーチ

アイヴァンホー公園

シドニー通り

マンリー・マーケット

ビラボン

教会

マンリーの目抜き通り「コルソ」。マンリー・ワーフとマンリー・ビーチを結び、通り沿いには、多くのレストランやショップが並ぶ

ギルバート公園

The Corso

徒歩約3分

サーキュラー・キーからのフェリーは、このワーフに到着。ワーフ内にはドイツ系スーパー「ALDI」もある

ヒューゴス

マンリー・ビレッジ小学校

ガーフィッシュ

N　0　100m
周辺マップは P103

マンリー・ワーフ

↓シティ

🍴 ガーフィッシュ
Garfish

MAP
P69B2

地元っ子が太鼓判を押すシーフード・レストラン。カジュアルながら落ち着いた雰囲気で、湾を眺めながら食事できるロケーションも好評。シーフードを好みの調理法とソースで注文できるのも◎。オリジナル・カクテルも豊富。ディナーはスマートカジュアルで、予約がおすすめ。

DATA ❌マンリー・ワーフから徒歩3分🚇1/39 East Esplanade☎(02)9977-0707🕐12時～15時30分、17時30分～22時(日曜は～21時)🈂なし Ⓑ(A$7／1人。ワインとシャンパンのみ) Ⓛ **PHOTO**(左)その日のおすすめの食材と調理方法は黒板に書き出される

🍴 パントリー
The Pantry

MAP
P69B1

おすすめはエッグズベネディクトA$22。潮風を感じながら食事を。**DATA** ❌マンリー・ワーフから徒歩8分🚇Ocean Promenade☎(02)9977-0566🕐7時30分～11時30分、12～21時(土・日曜は～22時)🈂なし **PHOTO**ワインも充実

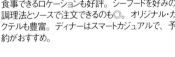

シドニーから
ちょっと足を延ばして

ツアーに参加
ブルー・マウンテンズで
ユーカリの森を歩く！

ユーカリの森に包まれたブルー・マウンテンズは、世界遺産にも登録されている癒やしのスポット。濃厚な森の空気を胸いっぱい吸い込みに、青い森に出かけてみよう。

ブルー・マウンテンズ ▶ MAP P102A2

ブルー・マウンテンズ国立公園MAP

Great Western Hwy.

ルーラ駅
LEURA STN.

カトゥーンバ駅
KATOOMBA STN.

ラヴェル通り

ルーラ・
モール
[P72]

カトゥーンバ
KATOOMBA

シーニック・
ワールド[P71]

シーニック・
スカイウェイ

ブッシュウォーク
エコー・ポイント[P71]
エコー・ポイント・ビジター・
インフォメーション・センター

シーニック・
レールウェイ

スリー・
シスターズ

シーニック・
ケーブルウェイ

N

1km

シドニー
市内出発

7:00

朝は市内主要ホテルまたは指定集合場所へお迎え。

ブルー・マウンテンズに行くならこのツアーを利用。

選べる世界遺産
ブルー・マウンテンズ
1日観光

世界遺産ブルー・マウンテンズを訪れる日本語ガイド付きのツアー。午前はAコースとBコースにわかれ、Aコースはシーニックワールドとボアーズヘッド展望台へ、Bコースはシーニックワールドとクリフウォークへ。以降は両コース共通となり、主要なみどころをまわり、現地で「奇岩ボアーズヘッドと渓谷美の観賞」または「ユーカリの森を進むネイチャーウォーク」に参加できる。ルーラの町の散策も楽しめる。

DATA →P76

ブッシュウォークへ

シーニック・スカイウェイ駅の近くにはお手軽森林浴ウォークが楽しめるブッシュウォークが。眼下に広がる渓谷美を満喫しながら、おいしい空気を胸いっぱいに吸い込もう。所要約30分。肌を露出しない服装と歩きやすい靴で。雨具も必携。帽子やサングラスなどの日焼け・熱射病対策も忘れずに。

道は整備されているので歩きやすい

エコー・ポイントからユーカリの森を一望

エコー・ポイントは切り立った断崖の下に広がる渓谷とスリー・シスターズの奇岩を一度に眺めることができるベストスポット。ユーカリから立ち昇る油分で森が青く霞んで見えることからブルー・マウンテンズとよばれるのだとか。

Advice

エコー・ポイントにある観光案内所では、ブッシュ・ウォークの地図をはじめ、ブルー・マウンテンズ一帯の情報を入手できる。

エコー・ポイント・ビジター・インフォメーション・センター
Echo Point Visitor Information Centre
DATA ❽ⓣKATOOMBA駅からバスで10分
🚌Echo Point, Katoomba
☎1300-653-408
🕘9～17時 ❹なし

展望台から眺めるスリー・シスターズ

G'day Column

スリー・シスターズの伝説

アボリジニの伝説によると、美しい三姉妹・スリーシスターズと結婚することを許されなかったスリーブラザーズがこの種族を攻めて戦争が始まった。スリーシスターズを取られないように種族の魔王がスリーシスターズを石にしたが、その魔王も戦争で死んでしまったため、誰も魔法を解く呪文が言えず石のままとなってしまった。

9:30 ─── **11:10** P72へ…→

シーニック・ワールドで遊ぶ

眺望抜群＆スリルたっぷりの3つのライドを楽しめるアトラクション。谷底に下りたらユーカリ樹海を縫うように続く木道、ウォーク・ウェイを散策してみよう。

シーニック・ワールド
Scenic World
DATA ❽KATOOMBA駅からバスで10分 🚌Cnr. Violet St. & Cliff Dr. Katoomba ☎(02)4780-0200 🕘9～17時 ❹なし 🎫3種類乗り放題1日バスA$49

シーニック・ワールド・トップステーションが3つのライドの基点

シーニック・スカイウェイ Scenic Skyway
樹海の上空270mの空中散歩を楽しめる。ガラス張りの床から真下に見下ろす樹海の光景はかなりスリリング。
スリル度…★★☆
絶景度…★★★
所要時間…6分

シーニック・レールウェイ Scenic Railway
世界一の急勾配とされる、最大傾斜52度のトロッコ列車で緑の谷底へ。途中でさらに傾斜がきつくなるので注意しよう。
スリル度…★★★
絶景度…★☆☆
所要時間…7分

シーニック・ケーブルウェイ Scenic Cableway
全面ガラス張りの大型ゴンドラが標高差216mを上り下りする。高度とともに変化する樹海の表情を楽しもう。
スリル度…★☆☆
絶景度…★★☆
所要時間…8分

まだまだ続く！

個性的な雑貨店もあり、
みやげ探しにもぴったり

ブラウニーA$5.75

ローズ・アンド・ザ・ディッシズ
Loaves and the Dishes

手作りケーキでひと休み
香り高いコーヒーとともに自家
製ケーキが楽しめる。ミート・
パイやキッシュなどの軽食メ
ニューも充実。

DATA 🚉①LEURA駅から徒歩5分
🏠180A Leura Mall
☎(02)4784-3600
🕐8～15時
🈳なし **MAP** P72

ショーケースには
軽食メニューが並ぶ

ルーラの町で
お買い物&ひと休み

大自然を堪能したあとは、カトゥ
ーンバの隣町ルーラへ。目抜き通
りのルーラ・モールは両側にショ
ップが立ち並ぶ買い物スポット。
ちょっと坂道がきついが、ぶらぶ
ら歩くだけでも楽しい。

Advice

便利なオリジナルマップ付きなの
で、かわいらしい街並みを自由に
散策してみよう。

キャンディ・ストア
The Candy Store

世界中のキャンディが集合
小さい店内に世界中から集めた
キャンディがぎっしり。フレー
バーも豊富に揃っているので、
店員に好みを伝えて、おすすめ
を選んでもらおう。

DATA 🚉①LEURA駅から徒歩5分
🏠Shop 6, 178 Leura Mall
☎(02)4782-4090
🕐9時30分～17時 🈳なし
MAP P72

ルーラ・ヘルス・フーズ
Leura Health Foods

自然アイテムで元気になる
自然派コスメや自然食品など、
世界中から集めた体にやさしい
グッズが並ぶ。オーストラリア
産のものも多い。

DATA 🚉①LEURA駅から徒歩3分
🏠155 Leura Mall
☎(02)4782-4511
🕐9～18時（日曜は～17時）
🈳なし **MAP** P72

ユーカリ・オイル
A$12.95

13:50

レモンマートル
の石鹸A$5.75

キャンディ
は100gの小
袋入り

ユーカリキャンディ
A$2.80／100g

**シドニー
市内到着**

16:30

ルーラの街から
シドニーへ戻る

Advice

帰りはサーキュラー・キーの免税
店、シドニー中心部のみやげ店、
セントラル駅付近のホテルにて解
散となる。

ルーラMAP

カトゥーンバへ

Great Western Hwy

シドニーへ

ルーラ駅
LEURA STN.

ルーラ・ヘルス・
フーズ

Grose St.

Hartley Esp.

キャンディ・ストア

ローズ・アンド・
ザ・ディッシズ

Megalong St.

Wascoe St.

Craigend St.

Leura Mall

Ⓝ

🚏	バス停
🚉	鉄道駅
Ⓟ	駐車場
🚻	トイレ

ツアーに参加
ポート・スティーブンスで
イルカ見学＆砂丘すべり

「ドルフィン・キャピタル（イルカの都）」とよばれるポート・スティーブンスは、風光明媚なリゾート地。なかでも、数々の映画やCMのロケ場所になった大砂丘は必訪ポイント。

ポート・スティーブンス ▶ MAP P102B1

このプランはツアーが断然便利！

ポート・スティーブンス エコツアー

シドニーの北にあるポート・スティーブンスに行き、大自然を満喫するエコ・ツアー。ドルフィン・ウォッチング、4WD砂丘サファリ・ツアー、ワイナリー訪問、コアラ探しなどのメニューが楽しめる。

DATA →P76

湾内に約160頭の野生のイルカが生息する

ネルソンベイから イルカ見学へ

Advice

イルカとの遭遇率は年間を通じて98％とか！ 波乗りするイルカを見るベスト・スポットは、1階の船首部分。

4WD砂丘サファリツアー

Advice

国立公園にもなっている32km続く壮大な砂丘には、4WD車に乗り換えてGO！ 大人も子どもも夢中になって遊ぶ、急斜面でのサンド・ボーディング（砂すべり）は気分サイコー!!

開放感いっぱいの砂丘では誰もが大はしゃぎ

シドニー市内出発

| 6:30 | 10:30 | 13:30 | 15:00 | 15:45 | 19:30 |

シドニー市内到着

シドニーから車で ツアー出発

Advice

シドニーから車で2時間30分〜3時間ほどかかるが、エコツアー専門ガイドのトークに、考えたり笑ったりしているうちに、あっという間に到着してしまう。

ワイン、クラフトビールはおみやげにも最適

ワイナリー訪問

Advice

少量生産のブティックワイナリーのカウンターで、各ワインの説明を聞きながら試飲できる。これを機会に、テイスティングの方法もマスターしよう。

野生のコアラ探しへ

Advice

野生のコアラに会える絶好のチャンス。ユーカリの木々を1本ずつ丹念に見上げて探してみよう。木の上で昼寝している、かわいらしい姿が見られる。

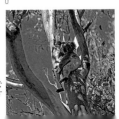

歓声をよそにくつろぐコアラ。癒やされます

ツアーに参加

ハンター・バレーで ワイナリー巡り！

120軒以上ものワイナリーが連なる一大ワイン生産地。試飲や購入もできるので、ワインファンに人気のエリアだ。お気に入りの一本を求めてワイナリーを巡ろう。

ハンター・バレー ▶ MAP P102B1

広大なブドウ畑が広がるワインの聖地

レンタカーしないならこのツアーを利用せよ！

ハンター・バレーめぐり 1日観光

オーストラリアを代表するワイン産地ハンター・バレーのワイナリーを巡り、試飲を楽しむ（日本語ガイド付き）。訪問するワイナリーではテイスティングの仕方を丁寧に教えてくれる（英語）。

DATA →P76

シドニー 市内出発

7:30

シドニーから車で出発

シドニー市内中心部からハンター・バレーの拠点となる町セスノックCessnockまでは車で2時間30分。公共交通機関は不便なので、レンタカーまたはツアーを利用しよう。セスノックへはF3 Freewayなどを利用。

Advice

公共の交通手段はほぼない。レンタカーの場合、法的にはアルコール血中濃度0.05％まで罰せられることはないが、少量でも飲んだら運転は差し控えたほうがいい。日没後は動物が飛び出してくることなどがあり危険。初めての人はツアー参加がオススメ。

Advice

ハンター・バレーの入口にあるビジター・センター（観光案内所）で、ワイナリーや宿泊施設、周辺の観光情報などを入手できる。無料の地図ももらえるので、ワイナリー巡りの前に立ち寄ってみよう。

ハンター・バレー・ビジター・センター
Hunter Valley Visitor Centre
DATA 455 Wine Country Dr., Pokolbin (02)4993-6700
9～17時（日曜は～16時）なし
MAP P74

ハンター・バレーMAP

Old North Rd.

N 0 3km

Coulson Rd.

Deasys Rd.

McDonalds Rd.

33

H ハンター・バレー・リゾート

マチルダ・ベイ・ブリュハウス・ハンター・バレー

ROTHBURY

ハンター・バレー・ビジター・センター（観光案内所）

マクギガン・セラーズ

Broke Rd.

Lovedale Rd.

ピーターソン・ハウス

H

ティレルズ・ヴィンヤーズ

トゥロック

リンデマンズ

ポコルビン・エステート・ウィンヤード

バルーン・アロフト

Wine Country Dr.

POKOLBIN

O Connors Rd.

マクウィリアムズ・マウント・プレザント

Oakey Ck Rd.

Marrowbone Rd.

Mount View Rd.

33

82

ピーターソンズ・ワインズ

Wollombi Rd.

82

セスノック

Y = ワイナリー

※ツアーで訪れるワイナリーはP75のワイナリーとは異なる

G'day Column

気球に乗って上空散歩

熱気球は空気が安定した早朝しか飛ばせないので1泊し、熱気球に乗って、空の上からブドウ畑を眺めてみよう。

バルーン・アロフト
Balloon Aloft

DATA 🚗ビジター・センターから車で7分 📍Cnr. Broke Rd.& Wine Country Dr., Pokolbin ☎1300-723-279 📞電話予約／月〜金曜9〜16時 🈳日曜 💰A\$249〜（朝食付）**MAP** P74

予約必須。フライトは日の出の約45分前から

ブルータン・ブリュワリーで地ビールのテイスティング

ハンター・バレーのワイナリーオーナー4人が経営するビールの醸造所。ピルスナーやラガー、ブラックエールなど、ビールの種類も豊富。「ブルータン」という名前は、オーストラリアに生息するアオジタトカゲに由来。

6種のビールを味わえるテイスティング・パドルA\$16

マチルダ・ベイ・ブリュハウス・ハンター・バレー
Matilda Bay Brewhouse Hunter Valley
（ハンター・リゾート内）

個性的な自家製ビールで知られるブルータン醸造所の直営カフェでは、できたてビールを味わえる。ピザやサラダ、サンドイッチなどを、ビールとともに楽しもう。

DATA 🚗ビジター・センターから車で13分 📍Hunter Resort, 917 Hermitage Rd., Pokolbin ☎(02)4998-7829 🕐12〜16時、18〜20時 🈳なし **MAP** P74

バーベキューとハニーマスタードソースで焼き上げたミートピザA\$20

10:00 ⎯⎯⎯⎯⎯⎯⎯ **13:00** ⎯⎯⎯⎯⎯⎯⎯ **17:00** 🔴シドニー市内到着

ワイン・テイスティング開始

個性的なワイナリーも多いが、まずは定評のあるワイナリーから試飲開始。独自のテイスティングツアーに参加してみるのもいい。ワインはその場で購入でき、日本への発送も可能だ。ハンター・バレーのおすすめワイナリーはこの2軒。

マクギガン・セラーズ
McGuigan Cellars

大規模でフレンドリー
1992年創業、海外でも名が通った大手ワイナリー。広々とした試飲ルームなど設備も充実。ツアーも毎日開催。

DATA 🚗ビジター・センターから車で5分 📍447 Cnr. Broke & McDonalds Rd., Pokolbin ☎(02)4998-7402 🕐10〜17時、ワイナリーツアー12時〜 🈳なし **MAP** P74

隣のショップでは自家製チーズの試食もできる

テイレルズ・ヴィンヤーズ
Tyrrell's Vineyards

実力派の老舗ワイナリー
1858年創業の長い歴史を誇り、毎年多くのメダルを獲得する実力派。ワイナリー見学ツアーを毎日開催。

DATA 🚗ビジター・センターから車で9分 📍1838 Broke Rd., Pokolbin ☎(02)4993-7000 🕐9〜17時（日曜10〜16時）、ワイナリーツアー10時30分〜 🈳なし **MAP** P74

こぢんまりした名ワイナリー

（左）Vat 9 Shiraz 2017 A\$100
（右）Vat 1 Semillon 2014 A\$85

（右）Hunter Valley P/R Shiraz 2013 A\$80〜
（左）Hunter Valley P/R Chardonnay 2015 A\$50〜

Advice

ワインの特徴はブドウで決まる。ハンター・バレーの主なブドウはこの3種。

セミヨン（Semillon）…白ワインの代表品種。ほどよい酸味と柑橘の風味

シャルドネ（Chardonnay）…きりっとした飲み口とフルーティな甘みの白

シラーズ（Shiraz）…赤ワインの代表品種。深いコクとスパイシーな香り

ワインのテイスティング方法

香りをチェック
香りの強さをチェック。グラスを回して立ち上る香りで評価

色をチェック
光に透かして色調を見る。ワインの熟成度や味の特徴も判断

味をチェック
口に含んで味や香りを確認。口をすぼめて空気を吸い込む

テイスティングの注意
試飲は白から赤へ。残ったワインは備え付けの壺などに捨てる

カンタン&安心
オプショナルツアー

効率よくみどころをまわれるオプショナルツアー。ほとんどが日本語ガイド付きで、言葉の心配もない。旅のプランに上手に組み込んで、有効に活用しよう。

マイバスデスク
申込み・問合先
- ☺①TOWN HALL駅から徒歩5分 ❶Level 18, 456 Kent St.
- ☎(02)9510-0218 ⏰10～12時、13～17時 ❌土・日曜、祝日
- 🔗www.jtb.com.au/opt（ネット予約可）　**MAP** P36A3

▲…往きはホテル発、帰りは免税店で解散となる

▼ツアー名	▼出発・所要時間	▼催行日・料金	食事	送迎	日本語ガイド	▼ツアー内容
選べる世界遺産ブルー・マウンテンズ1日観光 →P70	7時30分 約9時間30分	毎日 A$220	●	▲	●	世界遺産ブルー・マウンテンズを訪れる。トロッコ列車やゴンドラでの空中散歩、ルーラ散策のほか「奇岩ボアーズヘッドと渓谷美の観賞」か「ユーカリの森を進むネイチャーウォーク」が選べる
世界遺産ブルーマウンテンズエキスプレス（店舗販売のみ）	7時30分 約5時間30分	毎日 A$100	×	▲	●	ブルー・マウンテンズを半日で楽しむ。内容は上記とほぼ同じ。ルーラ散策は含まれない
IECブルー・マウンテンズ海エコツアー	6時30分 約12時間45分	日・月・水・金・土曜 A$240	●	●	●	世界遺産ブルー・マウンテンズ観光と、見学ができる世界最古の鍾乳洞「ジェノラン・ケーブ」を組み合わせた地球の神秘にふれるエコツアー。オーストラリアの広大な自然を満喫する体験型ツアー。
ハンターバレーめぐり1日観光 →P74	7時30分 約10時間	火・木・土曜 A$365	●	●	●	日本語専用ガイドが案内。その季節に応じたおすすめのワイナリー3カ所をまわり、ローカルレストランでグルメなランチを堪能する。季節が合えば、ブドウ園の周りに咲くきれいなバラも楽しめる。
キャプテンクックサンセット・ディナー・クルーズ（送迎なし）	16時45分 約2時間	毎日 A$99	●	×	×	シドニー湾クルーズを楽しみながら、シーフード、肉、野菜を使ったアラカルト3コースを楽しむ。ビール、ワイン、ソフトドリンクなど飲み放題。
キャプテンクックディナー・クルーズ（送迎付き）	18時 約4時間	毎日 スターライト席 A$175 キャプテンズ席 A$205 ゴールド席 A$295	●	●	●	シドニーの夜の見逃せないポイント、ディナークルーズ。世界3大美港の夜景を満喫。リーズナブルなスターライト席から7コースが楽しめるゴールド席まで、希望に合わせて参加できる。
ステーキハウスと夜景スポット	18時 約3時間30分	毎日 A$100	●	●	●	ステーキハウスで豪華ディナーを堪能後、シドニー湾沿いをドライブ（料理は霜降り和牛コース（サーロイン和牛300g、サーモン、生ガキ）
ポート・スティーブンスエコツアー →P73	6時30分 約12時間45分	日・月・水・金・土曜 A$240	●	●	●	郊外のポート・スティーブンスでイルカの群れを探してクルーズ後、野生のコアラに会いに! 東海岸最大級の砂丘で豪快な砂滑りや4WDドライブ、ワイナリー訪問など、盛りだくさんの内容。

※ツアー内容、データは2020年2月現在のもの。記載の料金は大人1人あたりの代金。年末年始、クリスマスなどの不催行日・そのほかのツアー情報などは事前に確認を　※ツアーはすべて事前予約制。特記のあるツアー以外は前日の12時までの申込みがおすすめ。詳しくは申込み問合先で確認を

ツアーでよく使われる ホテルリスト

※料金は1泊あたりの室料目安。
　¥＝A$250未満、¥¥＝A$250以上、¥¥¥＝A$350以上
※●…あり　▲…一部客室にあり　◆…リクエストベース　×…なし
　（客室カテゴリーによって異なる場合あり）
※インターネット接続の環境、PC本体の有無や
　有料無料はホテルによって異なる

	創業（改築）年	総客室数	日本語スタッフ	ネット接続環境	冷蔵庫	セーフティボックス	ヘアドライヤー

インターコンチネンタル・シドニー
InterContinental Sydney
財務省の歴史的建造物を改装した趣ある建物。館内中央にあるカフェのまわりには、ショッピングアーケードを併設。❷Ⓣ CIRCULAR QUAY駅から徒歩6分 ⓐ117 Macquarie St.Ⓒ(02) 9253-9000ⓔ¥¥ **MAP**P107C2

1985 (2011)年 509室 ● ● ● ● ●

リッジス・シドニー・ハーバー
Rydges Sydney Harbour
ロックスに位置するクラシックなホテル。最上階のプールからはシドニー湾が一望できる。近くにビジター・センターやフェリー乗り場も。❷ⓉCIRCULAR QUAY駅から徒歩8分 ⓐ55 George St.Ⓒ(02)9252-0524ⓔ¥¥ **MAP**P28A1

1984 (2008)年 173室 × ● ● ● ●

ザ・ラングハム・シドニー
The Langham Sydney
シドニー天文台近くに位置。温水プールやスパなど、施設も超一流。サービスもきめ細かい。❷ⓉCIRCULAR QUAY駅から徒歩10分 ⓐ89-113 Kent St.Ⓒ(02)9256-2222ⓔ ¥ ¥ ¥ **MAP**P106B2

1993 (2003)年 94室 ● ● ● ● ●

サー・スタンフォード・アット・サーキュラー・キー
Sir Stamford at Circular Quay
NSW州ホテル協会のNO.1デラックスホテルに選ばれた実績をもつ。ほとんどの客室からシドニー湾や王立植物園が眺められる。❷ⓉCIRCULAR QUAY駅 から 徒 歩3分 ⓐ93 Macquarie St.Ⓒ(02)9252-4600ⓔ¥¥ **MAP**P29B2

2000 (2008)年 105室 ◆ ● ● ● ●

ピア・ワン・シドニー・ハーバー
Pier One Sydney Harbour
歴史的建造物とモダンなデザインが融合した、ハーバー・ブリッジに隣接するホテル。ロビー中央の床はガラス張りに。❷Ⓣ CIRCULAR QUAY駅 から 車で5分 ⓐ11 Hickson Rd.Ⓒ(02) 8298-9999ⓔ¥¥ **MAP**P107C1

2000 (2013)年 189室 × ● ● ● ●

シドニー・ハーバー・マリオット・ホテル・アット・サーキュラー・キー
Sydney Harbour Marriott Hotel at Circular Quay
オフィス街に近く、ビジネスユースでの機能面が充実している。客室はすっきりとして快適。オペラ・ハウス・ビューの客室も。❷ⒸCIRCULAR QUAY駅から徒歩3分 ⓐ30 Pitt St.Ⓒ(02)9259-7000ⓔ¥¥¥ **MAP**P107C2

1989 (2012)年 595室 × ● ● ● ●

シャングリラ・ホテル・シドニー
Shangri-La Hotel, Sydney
海が目の前に広がる最高のビューが自慢。シックな雰囲気の客室には深めのバスタブが備わり、日本人客に好評。❷Ⓣ CIRCULAR QUAY駅から徒歩10分 ⓐ176 Cumberland St.Ⓒ (02)9250-6000ⓔ¥¥¥ **MAP**P28A2

1993 (2005)年 565室 ● ● ● ● ●

パーク・ハイアット・シドニー
Park Hyatt Sydney
客室からの眺めはシドニー屈指。食事はモダン・オーストラリア料理レストラン「ダイニングルーム」で至福の時間を。❷Ⓣ CIRCULAR QUAY駅 から 徒 歩10分 ⓐ7 Hickson Rd.Ⓒ(02) 9256-1234ⓔ¥¥¥ **MAP**P107C1

1990 (2012)年 155室 ● ● ● ● ●

快適ステイ術

●変圧器が必要…電圧は240〜250V、周波数は50Hz。日本製の100Vのものを使う場合は変圧器が必要。プラグの形はOタイプ。ホテルで借りられるところもある。また、オーストラリアは電圧が高いため、事故防止のため電気のコンセント（outletまたはpower point）に入切のスイッチが付いていることがある。使用するときは「入」に切り替え、使ったあとはスイッチを切るのを忘れずに。

Oタイプ

エリア名		総客室数/創業年（改築）	日本語スタッフ	ネット接続環境	冷蔵庫	セーフティボックス	ヘアドライヤー

ロックス＆サーキュラー・キー

フォーシーズンズ・ホテル・シドニー
Four Seasons Hotel Sydney
質の高いサービスに定評があり、日本人向けのサービスも充実している。スパや屋外温水プールも好評。❷Ⓣ CIRCULAR QUAY駅から徒歩3分 ⓐ199 George St.☎(02)9250-3100⬤¥¥ MAP P28A2

1982年(2011)年 531室

シティ

アモラ・ホテル・ジャミソン・シドニー
Amora Hotel Jamison, Sydney
フレンドリーできめ細かなサービスが好評。「アモラ・スパ」をはじめプール、サウナ、ジムなどリラクゼーション施設が充実。❷Ⓣ WYNYARD駅から徒歩3分 ⓐ11 Jamison St.☎(02)9696-2500⬤¥ MAP P107C2

2000(2014)年 415室

フラトン・ホテル・シドニー
The Fullerton Hotel Sydney
G.P.O.として建てられた趣あるビル（ヘリテイジ・ウイング）とモダンなタワービルからなる。地元で人気のレストランあり。❷Ⓣ MARTIN PLACE駅から徒歩3分 ⓐNo.1 Martin Place☎(02)8223-1111⬤¥ MAP P37B1

1999年(2013)年 416室 ✕

グレイス・ホテル・シドニー
The Grace Hotel Sydney
オフィス街の中心部に位置し、観光やレジャー客のほかビジネス客の利用も多数。1920年代の建物は、建築文化財に指定されている。❷⒯TOWN HALL駅から徒歩10分 ⓐ77 York St.☎(02)9272-6888⬤¥ MAP P36A1

1997(2017)年 382室

シェラトン・オン・ザ・パーク
Sheraton on the Park
ハイド・パークの向かいに立つ。街の中心部にありながら、緑豊かな環境が人気。飲食施設も多彩に揃う。❷⒯TOWN HALL駅から徒歩5分 ⓐ161 Elizabeth St.☎(02)9286-6000⬤¥ MAP P37B3

1991(2018)年 558室

プルマン・シドニー・ハイド・パーク
Pullman Sydney Hyde Park
ハイド・パークに面し、落ち着いた環境に位置する。レストランやスパ、シティの高層ビル群を望むプールなど、施設も充実。❷Ⓣ MUSEUM駅から徒歩3分 ⓐ36 College St.☎(02)9361-8400⬤¥¥ MAP P108B1

1992(2013)年 210室

スイスホテル・シドニー
Swissôtel Sydney
マイヤーの入るビルの上階にあり、ロビーへは専用エレベーターを利用。屋外温水プールもあり、デッキでのんびり過ごすのもおすすめ。❷⒯TOWN HALL駅から徒歩5分 ⓐ68 Market St.☎(02)9238-8888⬤¥¥ MAP P37B2

1999(2013)年 369室

ソフィテル・シドニー・ウェントワース
Sofitel Sydney Wentworth
シティ中心部にあり、マーティン・プレイスまでは徒歩2分。レストラン、バー、ショップ、美容室、スパなど、施設が充実。❷Ⓣ MARTIN PLACE駅から徒歩3分 ⓐ61-101 Phillip St.☎(02)9228-9188⬤¥¥ MAP P107C2

1966(2013)年 436室

ホテルリスト…ツアーでよく使われるホテル

	総客室数	創業（改築）年	日本語スタッフ	ネット接続環境	冷蔵庫	セーフティボックス	ヘアドライヤー

エリア名

シティ

ヒルトン・シドニー
Hilton Sydney
QVBの前にあり便利なロケーション。「グラス・ブラッセリー」「ゼタ・バー」など極上グルメを楽しめるレストラン、バーあり。❌ⓉTOWN HALL駅から徒歩3分 ⊕488 George St.☎(02)9266-2000🅿¥ ⅯⱯⱣP37B3
1975 (2008)年 579室
●●●●●

ラディソン・ブルー・プラザ・ホテル・シドニー
Radisson Blu Plaza Hotel Sydney
重要建造物に指定された1927年のウェールズ・ハウスが建物の基礎になっていて、クラシックな外観が印象的。❌ⓉWYNYARD駅から徒歩5分 ⊕27 O'Connell St.☎(02)8214-0000🅿¥¥ ⅯⱯⱣP107C2
2000年 364室
●●●●●

ダーリング・ハーバー

ザ・ダーリング
The Darling
ハーバー・ブリッジやブルー・マウンテンズを望むシックな部屋には、大型テレビも。ジャパニーズ・フュージョンのレストランも評判だ。❌シドニー・ライト・レールTHE STAR駅からすぐ ⊕80 Pyrmont St.☎(02)9777-9000🅿¥ ⅯⱯⱣP106A2
1997 (2011)年 171室
×●●●●

パークロイヤル・ダーリング・ハーバー・シドニー
Parkroyal Darling Harbour Sydney
あらゆるビジネス旅行者のニーズに対応。LGアイマックス・シアターや水族館、チャイナタウンなどに近く、買い物にも便利なロケーション。❌ⓉTOWN HALL駅から徒歩5分 ⊕150 Day St.☎(02)9261-1188🅿¥¥ ⅯⱯⱣP45B3
1991 (2015)年 360室
●●●●●

ノボテル・シドニー・オン・ダーリング・ハーバー
Novotel Sydney on Darling Harbour
ハーバーサイド・ショッピングセンター（→P44）と連結しており、買い物に便利。港側の客室がおすすめ。❌シドニー・ライト・レールCONVENTION駅から徒歩3分 ⊕100 Murray St.☎(02)9288-7180🅿¥¥ ⅯⱯⱣP106B3
1991 (2006)年 525室
×●●●●

ノボテル・シドニー・ダーリング・スクエア
Novotel Sydney Darling Square
中国庭園の向かいに立つ。シンプルな客室は居心地抜群。100年以上前の建物を改築したレストラン&バーも人気だ。❌シドニー・ライト・レールPADDY'S MARKETS駅から徒歩5分 ⊕17 Little Pier St.☎(02)8217-4000🅿¥ ⅯⱯⱣP104A2
1999 (2008)年 230室
×●●●●

ハイアット・リージェンシー・シドニー
Hyatt Regency Sydney
豪華客船をイメージした優雅な外観で、客室はリゾート風の造り。日本語案内を用意するなど、日本人向けサービスも充実。❌ⓉTOWN HALL駅から徒歩8分 ⊕161 Sussex St.☎(02)9290-4000🅿¥ ⅯⱯⱣP45B2
1991 (2004)年 892室
×●●●●

ホリデイ・イン・ダーリング・ハーバー
Holiday Inn Darling Harbour
チャイナタウンに位置し、周辺には観光スポットが多数ある。19世紀の歴史的建造物と近代的なビルが融合した珍しい造り。❌ⓉTOWN HALL駅から徒歩10分 ⊕68 Harbour St.☎(02)9291-0200🅿¥ ⅯⱯⱣP108A1
1991 (2013)年 370室
×●●●●

キングス・クロス

オヴォロ・ウルムル
Ovolo Woolloomooloo
ウルムル埠頭に立つデザイナーズホテル。客室はさまざまなタイプが用意され、ロフトルームもある。❌ⓉKINGS CROSS駅から徒歩15分 ⊕6 Cowper Wharf Rd.☎(02)9331-9000🅿¥ ⅯⱯⱣP107D2
2000 (2015)年 100室
×●●●●

シドニーの鉄則

シドニーDATAベース

正式国名・都市名…**オーストラリア連邦　ニュー・サウス・ウェールズ州シドニー**
人口・面積…**約523万人(2018年)、約1万2368k㎡**
言語…**英語**
日本との時差…**+1時間(10月第1日曜〜翌年4月第1日曜のサマータイム期は+2時間)**
成田からの所要…**約10時間(直行便の場合)**

基本が大事!

❶ミネラルウォーターが◎
シドニーの水道水は飲用できるが、スーパーやニュースエージェンシー(売店)でミネラルウォーターを購入するのがおすすめ。

❶日本と異なるビルの階数表示
オーストラリアでは一般的には1階をGround Floor、2階をFirst Floorと表示する。FloorをLevelと表示するところも多い。エレベーターのことをLiftという。

❶チップの習慣はないけれど
タクシーで運転手に大きな荷物を運んでもらうなど、特別なサービスを受けたときに感謝の気持ちとして渡すのはOK。レストランなどで大満足というときは、料金の10%を渡すとスマート。

❶観光情報はどこでゲットする?

[シドニー・ビジター・センター
Sydney Visitor Centre]
DATA ⊕Cnr. Argyle & Playfair Sts.ロックスセンター内☎(02)8273-0000⏰9〜18時❻なし **MAP** P28A1

知っ得情報

❶イギリス表現に注意
オーストラリアでは持ち帰りをtake away、トイレをtoiletなど、イギリス的に表現する。

❶B.Y.O.を利用しよう
B.Y.O.(→P52)はオーストラリアならではの制度。入口にB.Y.O.の看板を掲げている店では、酒類を持ち込むことができる。チャージ料(cokage)がかかるので注意。

❶ショップの営業時間は短い
一般的な営業時間は平日9時〜17時30分。木曜は21時ごろまで営業し、土・日曜には早じまいする店も多いので、ゆっくり買い物したい人は木曜が狙い目。

マナーですから

❶女性を先に
シドニーではレディファーストを心がけて。店に入るときなどは女性が優先。

❶たばこ事情
公共の場所での喫煙は原則禁止されている。ちなみに、オーストラリアではたばこ1箱の課税率は50%。25本入りで約A$40とかなり高い。

❶写真NGなどあります
空港や軍事関係機関、礼拝中の教会内部、カジノなどは撮影禁止。またシドニー(NSW州)でのコアラ抱っこは禁止など、動物保護のための禁止事項もあるので指示に従うこと。

❶飲酒は18歳から
オーストラリアでは18歳から飲酒、アルコールの購入が認められている。

備えあれば憂いなし!

❶行く前に確認
外務省海外安全ホームページで、渡航先の治安状況、日本人被害の事例を確認できる。➡**URL** www.anzen.mofa.go.jp/

❶被害を最小限にするワザ
滞在中は以下のことに気をつけよう。荷物は車道側に持たず、ショルダーバッグはたすき掛けに。貴重品や現金などは、ホテルのフロントやセーフティボックスに預ける。親切そうでも安易について行かない。夜間の一人歩きは避ける。

緊急のときには

◆病気がひどくなってきた！

ためらわずに病院へ。ホテルではフロントに連絡し、医師の手配を頼もう。参加したツアー会社や加入している保険会社に現地デスクがある場合はそこへ連絡すると病院を紹介してくれる。

> [タウン・ホール・クリニックTown Hall Clinic]
> **DATA** ●Level 4, 50 York St.☎1800-355-855（日本語フリーダイヤル）☎(02)9299-4661●8時30分〜19時（土・日曜、祝日11時〜、要予約）●なし **MAP** P36A2

◆パスポートがない！

パスポートを盗難（紛失）した場合は、まず警察に行き盗難紛失届け受理証明書を発行してもらう。そして日本国総領事館で失効手続き後、新規旅券の発給または帰国用の渡航書の申請をする。

◆クレジットカードがない！

まずカード会社に連絡し、カードを無効にしてもらう。そのあとは、カード会社の指示に従おう。

> [在シドニー日本国総領事館]
> **DATA** ●Level 12, 1 O'connell St. ☎(02)9250-1000●査証受付9時30分〜12時、14〜16時●土・日曜、祝日、休館日 **URL** www.sydney.au.emb-japan.go.jp/ **MAP** P107C2

> [警察・消防・救急車]☎000

> ★カード会社緊急連絡先
> [JCB紛失・盗難海外サポート]
> ☎0011-800-00090009
> [VISA グローバル・カスタマー・アシスタンス・サービス]☎1800-555-648
> [アメリカン・エキスプレスグローバル・ホットライン]☎1800-553-155
> [マスターカードグローバル・サービス]
> ☎1800-120-113

シドニーから日本へ国際電話したい！

◆一番手軽な方法

直接相手にかかる国際ダイヤル直通。例えば東京03-1234-5678にかけるなら0011（アクセス番号）-81(日本の国番号)-3-1234-5678。ホテルの客室からは割高。

◆国際電話の国番号
● オーストラリア 61
● 日本 81

日本からシドニーへ国際電話したい

マイラインやマイラインプラスに登録している固定電話機やIP電話からの場合は「010 - 61（オーストラリアの国番号）-最初の0を取った相手の電話番号」。登録していない場合は最初に「各電話会社の識別番号（KDDI/001、ソフトバンク/0061、NTTコミュニケーションズ/0033など）」が必要。

シドニーで市内電話したい

日本で使っている携帯電話が使用可能。事前申込みが必要な場合があるので、確認しておきたい。オーストラリアの一般電話にかける場合は州外局番（セントラルイーストは02）からプッシュ。現地でプリペイドのSIMカードを購入する方法もある。Wi-Fiが使えるならLINEなどのアプリ利用もおすすめだ。

その他の通信事情は？

◆メールを送りたい

空港や主要ホテル、デパートなど街なかには無料Wi-Fiに接続できるスポットが多いので活用しよう。

◆ポストカードを送りたい

切手（stamps）は郵便局のほかホテルのフロントでも買える。宛先は「JAPAN」「AIR MAIL」のみローマ字で記せばほかは日本語で問題ない。日本へははがき・封書は50gまでA\$2.50、125gまでA\$5.10、通常3〜10日で届く。

◆荷物を別送したい

小包は郵便局の窓口に直接持っていく。航空便は500gまでA\$17、1kgまでA\$29.30、1.5kgまでA\$41.25、2kgまでA\$52.45で、1週間ほどで日本に届く。料金は郵便よりも高くなるが、電話をすればホテルまで荷物を取りに来てくれる宅配便も便利。

飛行時間9時間30分〜10時間

到着後

まずは、「入国」

入国の流れ

人の流れに乗っていけば問題ない。

到着 Arrival	シドニーの空の玄関口はシドニー(キングスフォード・スミス)国際空港。日本からの直行便はターミナル1(T1)に到着。飛行機を降りたら、表示に沿って入国審査エリアへ移動する。

⬇

対象は日本を含む一部国籍のIC旅券を保有する16歳以上。

入国審査 Immigration	自動出入国管理システム「SmartGate」にて手続きを行う。パスポートを読み込ませ、質問に回答するとチケットが発行される。ゲートの顔認証装置にチケットを入れ、カメラの認証が終了するとチケットが返却されゲートが開き、入国審査が完了。

⬇

荷物のトラブルがあったときは、荷物引換証(Claim Tag)を持って遺失物相談所へ。

荷物受取り Baggage Claim	自分が乗ってきた便の荷物が何番のターンテーブルから出てくるかを確認し、該当する荷物受取り台へ。日本を出国する際に預けたスーツケースなどの荷物を受け取る。

⬇

持込み品に対し厳しい規制があるので、事前に要チェック!

税関検査 Customs Declaration	申告する物のある・なしでラインが分かれている。審査官に入国カードとパスポートとSmart Gateで発行されたチケットを提示。止められた場合は荷物をX線検査に通す。

⬇

到着ロビー Arrival Lobby	出口は2カ所。到着ロビーにはインフォメーションや両替所がある。

こんなときどうする

「食品や動物製品を持って入国したい」
オーストラリアは国内に生息する固有の動植物の保護や環境維持のため、郵送を含む持込み品に対し厳しい規制がある。入国カード(表面)の持込みに関する質問6〜9のなかで該当するものにチェックを入れ、税関検査で審査を受ける。申告対象品目は卵、卵製品、乳製品、食肉、魚、野菜、果物などの生鮮食品、漢方薬、治療薬、蜂蜜、ドライフラワー、土の付いた靴、動植物でできた物品など。詳しくは在日オーストラリア大使館検疫管理局のウェブサイト(→P83)を参照。

実践カンタン会話

旅行の目的は何ですか?
What's the purpose of your visit?
ウワッツ ダ パァパス オヴ ユア ヴィズィット

観光です
Sightseeing.
サイトスィーイング

荷物が見つかりません
I can't find my baggage.
アイ キャント ファインド マイ バギジ

荷物が破損しています
My baggage is damaged.
マイ バギジ イズ ダメッジド

※ETAは3カ月以内の短期観光や商用などに適用される電子渡航許可証のこと。旅行者のパスポート情報を出発前にオーストラリアの移民局に登録するシステム。航空券やツアーを予約した会社でも申請できる

入国書類記入例

機内で配られるのであらかじめ記入しておくこと！

入国カード（Incoming Passenger Card）

おもて

① 姓（ローマ字）

② 名（ローマ字）

③ パスポート番号

④ 搭乗便名

⑤ オーストラリアでの滞在先住所（ホテル名でよい。ローマ字で記入）と州の名前（シドニーの州名はNSW）

⑥ 「オーストラリアに1年以上滞在する予定か」

⑦ オーストラリア国民でない場合「現在結核を患っているか」「犯罪歴があるか」

⑧ 税関・検疫に関する9項目の質問。所持している場合は「はい」に×印

⑨ 「過去30日以内にオーストラリア以外の国の農場や湖などを訪れたか」

⑩ 「過去6日間以内にアフリカ、中南米またはカリブ海地域に行ったか」

⑪ 署名（パスポートと同じサイン）

⑫ 日付（日・月・西暦の順）

※表裏ともにすべてローマ字で記入する

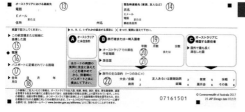

うら

⑬ オーストラリアでの連絡先。ホテルの電話番号と名称を記入

⑭ 緊急連絡先。日本の家族などの連絡先を記入

⑮ この便に搭乗した国名（日本ならJapanと記入）

⑯ 職業（会社員office worker、学生student、主婦housewife）

⑰ パスポートに記載された国籍（日本ならJapanと記入）

⑱ 生年月日（日・月・西暦の順）

⑲ 旅行者は**B**に×印を

⑳ オーストラリアでの滞在予定期間

㉑ 居住国（日本ならJapanと記入）

㉒ オーストラリア訪問の主な目的（いずれか1つに×印）

入国時の制限に注意

免税範囲

- たばこ25本またはたばこ製品25g（18歳以上）
- アルコール飲料2.25ℓ（18歳以上）
- 合計額A$900（18歳未満は半額）の物品（酒・たばこを除く）
- A$1万相当額以上の現金は要申告

詳しくは➡在日オーストラリア大使館検疫管理局（日本語）
URL https://japan.embassy.gov.au/tkyojapanese/quarantine_jp.html

持ち込めないモノ

主な輸入禁止品目は、生卵やゆで卵など全卵、肉およびサラミ、ソーセージなどラードを使った肉製品、生および冷凍の果物、野菜、生きている動植物など。ただし、国際獣疫事務局（OIE）に口蹄疫清浄国と認められた国・地域で生産、加工された乳製品、加工された卵製品、肉製品、魚、種やナッツなどは一定の条件を満たしていれば持ち込める。

➡次は「両替」

※上記の物品を申告せずに持ち込んだ場合は、その場で罰金を科せられることもある

入国後

「両替」どうする?

▌通貨はオーストラリアドル(A$)

A$1は約71円(2020年3月現在)。補助単位はオーストラリアセント(¢)でA$1=100¢。紙幣の種類は5種類あり、高額なものほど大きい。硬貨は6種類。A$2硬貨はA$1硬貨より小さいので注意。

※新デザインのA$100紙幣は2020年後半以降流通予定

▌両替のオキテ

その1　基本的に両替には手数料がかかるのでなるべくまとめて。

その2　レートがよい順は、カジノの両替所→街なかの銀行→空港または街なかの両替所、ホテル→日本での両替。

その3　トラベラーズ・チェック両替時のレシートはなくさないように。再両替の際に必要。

実践カンタン会話

小銭も交ぜてください
I'd like some small change.
アイド　ライク　サム　スモーウ　チェインジ

レシートをください
May I have a receipt?
メアイ　ハヴァ　リシート

▌1分でわかるレート計算

日本円をオーストラリアドルに両替する場合、現地では両替レート表の「BUY」欄を見る。現金は「NOTE」か「CASH」。下の表の場合、A$1が87.53円になるということなので、1万円分両替したい場合の計算式は、10000÷87.53=A$114.25。つまり、並んでいる両替商のどちらが得かを見比べる場合、レート表示数字が小さいほうがよい(現地で日本円を両替する場合)。

〈例〉

	CASH	
	BUYING Cash	SELLING Cash
JPY	87.53	75.04

ATMを使いこなす

シドニーの街なかやショッピングセンターに設置されているATM。通常24時間利用でき、提携（CirrusやPLUS）の国際キャッシュカードなら日本の自分の口座からオーストラリアドルを引き出せる。ビザやマスターなどクレジットカードのキャッシングも可能。

① ATMにCirrus（シーラス）またはPLUS（プラス）のマークがあるか確認

② カードを挿入し、暗証番号「PIN」を入力してEnterを押す

③ CASH WITHDRAWAL（現金引き出し）またはCREDITを押す

④ 利用明細書（Receipt）が必要かどうか、「Yes」または「No」を選択

⑤ 口座の種類を「普通（Saving Account）」「当座（Cheque Account）」「クレジットカード（Credit）」から選択

⑥ 希望金額を入力して「Enter」を押す

⑦ カード、現金、利用明細書を受け取る

シドニーの銀行はこの看板！

銀行の一般的な営業時間は9時30分〜16時（金曜は〜17時）で、土・日曜、祝日は休み。空港は年中無休。

オーストラリア・ニュージーランド銀行

ウエストパック銀行

コモンウェルス銀行

ナショナル・オーストラリア銀行

知らなきゃ損する!?シドニーお金事情

♥ …クレジットカードの利用度は高い。現金とうまく使い分けを。

♥ …フリーマーケットでの支払いは現金が基本。

♥ …公共交通機関では現金かプリペイド式ICカード「オパールカード」（→P89）が基本。

♥ …タクシーでは各種クレジットカードが利用できるが、手数料がかかる。

♥ …街なかでの両替時にはパスポートの提示が必要なことも。

♥ …オーストラリアドルは日本での両替はレートがよくない。使い切るか現地で再両替を。

物価がわかる あれこれHow much?

ミネラルウォーター（500㎖）
A$0.8〜

スターバックスコーヒー(S)
A$3.50〜

マクドナルドハンバーガー
A$2.50〜

新聞
A$3.40〜

ビール（大きめのグラス1杯）
A$7.87〜

シドニー・トレイン（1回券）
A$4.50〜

タクシー初乗り
A$3.60〜

ガム
A$1.50〜

次は「市内へ」移動

両替後

さて、「市内へ」

手段は4つ。どれで行く?

▼手段		▼ここが◎	▼ここが✕
シドニー・トレイン (エアポート&サウス・ライン) 早い	空港とシドニー市内を結ぶ。チケットは空港駅ほかシドニー・トレイン全駅で購入できる。	空港ターミナルと直結しているので、空港の外に出ることなく電車に乗れる。	市内の停車駅が少ない。混雑時は大きな荷物が運びづらい。
シャトルバス(エア・バス・シドニー・エアポートシャトル) オススメ	シドニー市内の希望するホテルまで送迎してくれる乗合いシャトルバス。到着ロビーのカウンターで申し込む。	ホテル前で降ろしてくれるので、荷物が多いときに便利。	複数のホテルをまわるため、余計に時間がかかることも。
タクシー	到着ロビーを出て左手にあるタクシー乗り場で、係員が誘導してくれる。	カンタン	ほかの交通手段より高い。ただし3人以上で利用するならシドニー・トレインなどとほぼ同じ。
シドニー・バス	空港を経由してボンダイ方面に行くバス(ルート400)。市内中心部には行かないので注意。	安い	大きな荷物があるときには不向き。時刻表どおりに運行されないことも。

チケット売り場と乗り場
シドニー国際空港1階到着フロア

➡空港内では案内板に従って進めばOK

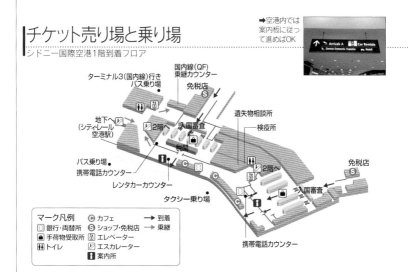

マーク凡例
- ⓒ カフェ
- Ⓢ ショップ・免税店
- ☐ 銀行・両替所
- ☒ 手荷物受取所
- ☒ エレベーター
- ☒ トイレ
- ☒ エスカレーター
- ☒ 案内所
- → 到着
- → 乗継

シドニー・トレイン

シャトルバス

タクシー

シドニー・バス

◎運行時間	◎料金	◎所要時間	◎問合先
4時30分～翌1時 6～10分間隔で運行	セントラル駅まで： A$17.39 サーキュラー・キーまで：A$18	セントラル駅まで： 13分 サーキュラー・キーまで：21分	シドニー・トレイン ☎13-1500
5時～18時30分 要予約	A$16	45分	エア・バス・エアポートシャトル ☎(02)9666-9988 要事前予約
24時間	市内中心部まで： A$41～45 ボンダイ・ジャンクションまで：A$40～48	市内中心部まで： 30分 ボンダイ・ジャンクションまで：30分	タクシー・コンバイン・サービス ☎13-3300 リージョン・キャブ ☎13-1451
5～23時 20～30分間隔で運行	A$4.80	50～60分	シドニー・バス ☎13-1500

←1階にはレンタカーデスクが並ぶ。日本で予約しておくと手続きもスムーズ

←無料でインターネットが利用できるインターネット・キオスク

←到着ロビーには2カ所にボーダフォンの携帯電話カウンターが設置されている

実践カンタン会話

切符売り場はどこですか？

Where is the ticket office?
ウエアリズ ダ ティキット オフィス

○○駅までの片道切符を2枚ください

Two one-way tickets to ○○ station, please.
トゥー ワン-ウェイ ティキッツ トゥ ○○ステイシャン プリーズ

このバスは○○ホテルに行きますか？

Dose this bus go to ○○ Hotel?
ダズ ディス バス ゴウ トゥ ○○ ホウテウ

この住所まで行ってください

Please go to this address.
プリーズ ゴウ トゥ ディス アドレス

○○までどのくらい時間がかかりますか？

How long does it take to go to ○○?
ハウ ロング ダズ イト テイク トゥ ゴウ トゥ ○○

ここで止めてください

Stop here, please.
スタップ ヒア プリーズ

さあ、出かけよう！

市内移動完全

▌主な手段は5つ。どれにする？

♥手段	▼ここが◎	▼ここが✗	♥運行時間	♥料金
シドニー・トレイン	カンタン。安い。時間も正確。	駅数が少ない。夜は警備員のいる車両へ。	3時15分～翌2時ごろ	シングル（1回券）A$4.50～
シドニー・ライト・レール	安くて手軽。	路線が少ない。	5時～翌1時	シングル（1回券）A$2.90～
シドニー・バス	安い。小回りがきく。	路線が複雑。ラッシュ時は渋滞。	4時30分～翌1時ごろ	シングル（1回券）A$2.90～
タクシー	グループで移動するなら安い&便利。	ラッシュ時は渋滞。週末の夜はつかまりにくい。	24時間	初乗りA$3.60～
シドニー・フェリー	渋滞なし。景観を楽しめる。	朝夕の通勤ラッシュはかなり混雑。	6～24時ごろ	シングル（1回券）A$7.60～

▌一発検索！アクセス早見表

	キングス・クロス駅	パディントン・タウン・ホール	セントラル駅
サーキュラー・キー駅 ➡ MAP/P29B2	CIRCULAR QUAY駅 ⊕ シドニー・トレインで5分 TOWN HALL駅 ⊕ シドニー・トレインで4分 KINGS CROSS駅	シドニー・バス CIRCULAR QUAY ⊕ バス333番で17分 PADDINGTON TOWN HALL	CIRCULAR QUAY駅 ⊕ シドニー・トレインで8分 CENTRAL駅
シー・ライフ・シドニー（ダーリング・ハーバー）➡ P47	徒歩17分の TOWN HALL駅 ⊕ シドニー・トレインで4分 KINGS CROSS駅	徒歩14分のシドニー・バス MARINE PLACE STATION ⊕ バス333・440番で13分 PADDINGTON TOWN HALL	徒歩13分の WYNYARD駅 ⊕ シドニー・トレインで6分 CENTRAL駅
タウン・ホール駅（シティ）➡ P40	TOWN HALL駅 ⊕ シドニー・トレインで4分 KINGS CROSS駅	徒歩6分のシドニー・バス MUSEUM STATION ⊕ バス333・440番で9分 PADDINGTON TOWN HALL	TOWN HALL駅 ⊕ シドニー・トレインで2分 CENTRAL駅
セントラル駅（シティ）➡ MAP/P108A2	CENTRAL駅 ⊕ シドニー・トレインで7分 KINGS CROSS駅	シドニー・バス CENTRAL STATION ⊕ バス440番で16分 PADDINGTON TOWN HALL	最寄り駅 シドニー・トレイン CENTRAL駅
パディントン・タウン・ホール ➡ MAP/P50A1	シドニー・バス PADDINGTON TOWN HALL ⊕ バス333・440番で3分 OXFORD ST. after South DOWLING STから徒歩14分	最寄りのバス停 OXFORD ST. Nr.ORMOND ST.	
キングス・クロス駅 ➡ MAP/P65A2	最寄り駅 シドニー・トレイン KINGS CROSS駅		

歩行者用信号機はすべて押しボタン式。シドニーの歩行者用の青信号は驚くほど短いので、信号が変わったら一気に渡ろう

※アクセス早見表はシドニー・トレインまたはシドニー・バスを利用した場合。乗り換え時間や待ち時間などは含まない

マニュアル

お得な交通カード

オパールカード　Opalcard

シドニー広域圏の公共フェリー、電車、トラム、バスで使えるプリペイド型ICカードが「オパール（OPAL）カード」。さまざまな特典（→P96）があるうえ、2020年2月現在、ニューキャッスル、ブルーマウンテン、セントラルコースト、ハンター、イラワワなど近郊への観光にも使えるので断然お得。使い方は日本のIC乗車券と同様、乗るときはタップON、降りるときはタップOFFする。カードは主に、大人、子供（4～15歳）、シニアの3種類。2016年1月から一部を除くすべての紙のチケットが廃止となった。

オパールカード大人用

タウン・ホール駅	シー・ライフ・シドニー	サーキュラー・キー駅
CIRCULAR QUAY駅 🚆 シドニー・トレインで5分 TOWN HALL駅	CIRCULAR QUAY駅 🚆 シドニー・トレインで2分 WYNYARD駅から徒歩13分	最寄り駅 シドニー・トレイン CIRCULAR QUAY駅
徒歩12分	最寄り駅 シドニー・トレイン TOWN HALL駅 WYNYARD駅	
最寄り駅 シドニー・トレイン TOWN HALL駅		

通り名が書かれたプレート

サーキュラー・キーのトランスポート・ショップ

オパールカードの買い方

オパールカードは、オンラインや電話で購入し、自宅に郵送してもらう方法と、現地のコンビニやスーパー、ニュース・エージェンシーなどで直接、購入する方法とがある。カード発行手数料はかからない。旅行者は現地で買うほうがおすすめ。オパールカードにトップアップ（チャージ）する金額は、大人A\$10～、子供A\$5～。駅などに設置されているオパールカードのトップアップ用の機械を利用しよう。クレジットカードやデビットカードでもOK。

住所表記攻略

シドニーの通りにはすべて名前がついており、住所は番地と通り名で示されている。番地は片側が偶数、反対側が奇数。角地の場合はCnr. Elizabeth & Hunter Sts.のように表される（Cnr.はCorner＝角の略）。バス停の名称は通り名＋Nr.（Near＝近くの略）、Opp.（Opposite＝向かいの略）＋通り名と表示されることが多く、A Nr.BならA通りのB通り側、A Opp.BならA通りのB通りの向かい側ということ。

実践カンタン会話

オパールカードをください

Opalcard, please.
オパールカード　ブリーズ

切符売り場はどこですか？

Where is the ticket office?
ウエアリズ　ダ　ティキット　オフィス

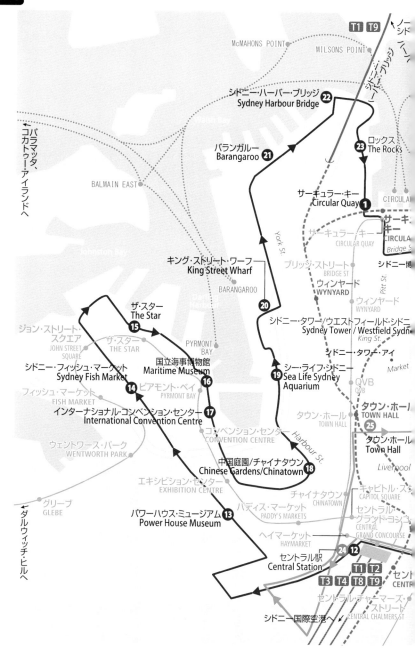

ノース・シドニー・ブリッジ T1 T9

McMAHONS POINT
MILSONS POINT

シドニー・ハーバー・ブリッジ
Sydney Harbour Bridge ㉒

バランガルー
Barangaroo ㉑

㉓ ロックス
The Rocks

BALMAIN EAST

サーキュラー・キー
Circular Quay ①

CIRCULAR

サーキ・
キー
CIRCULA

パラマッタ、コカトゥー・アイランドへ

York St.

シドニー博

ブリッジ・ストリート
BRIDGE ST

Bridge S

Johnston Bay

キング・ストリート・ワーフ
King Street Wharf

BARANGAROO

ウィンヤード
WYNYARD

ウィンヤード
WYNYARD

Pitt St.

⑳

ザ・スター
The Star ⑮

ジョン・ストリート・スクエア
JOHN STREET SQUARE

ザ・スター
THE STAR

PYRMONT
BAY

国立海事博物館
Maritime Museum ⑯

シドニー・タワー/ウエストフィールド・シドニ
Sydney Tower / Westfield Sydne

King St.

シドニー・タワー・アイ

シドニー・フィッシュ・マーケット
Sydney Fish Market ⑭

ピアモント・ベイ
PYRMONT BAY

シー・ライフ・シドニー
Sea Life Sydney
Aquarium ⑲

Market

フィッシュ・マーケット
FISH MARKET

QVB
QVB

インターナショナル・コンベンション・センター
International Convention Centre ⑰

タウン・ホール
TOWN HALL

ウェントワース・パーク
WENTWORTH PARK

コンベンション・センター
CONVENTION CENTRE

タウン・ホール
TOWN HALL

タウン・ホール
Town Hall ㉕

Harbour St.

中国庭園/チャイナタウン
Chinese Gardens/Chinatown ⑱

Liverpool

グリーブ
GLEBE

エキシビション・センター
EXHIBITION CENTRE

キャピトル・ス
CAPITOL SQUARE

パワーハウス・ミュージアム
Power House Museum ⑬

パディス・マーケット
PADDY'S MARKETS

チャイナタウン
CHINATOWN

チャイナタウン

セントラル・
グランド・ヨシコ
CENTRAL
GRAND CONCOURSE

ヘイマーケット
HAYMARKET

ダルウィッチ・ヒルへ

セントラル駅
Central Station ㉔ ⑫

T1 T2
T3 T4 T8 T9

セント
CENTR

シドニー国際空港へ

セントラル・チャーマーズ・ストリート
CENTRAL CHALMERS ST

シドニー主要交通図

ータル・ベイへ ↗

タロンガ動物園、→
モスマン・ベイへ

→ マンリーへ

ワトソンズ・ベイ、ダブル・ベイへ

• シドニー・オペラ・ハウス

Port Jackson

Farm Cove

8 シドニー・オペラ・ハウス
Sydney Opera House

T2 T3 T8

• 王立植物園

9 王立植物園
Botanical Gardens

ニュー・サウス・ウェールズ
州立図書館
State Library

ーティン・プレイス
RTIN•PLACE

7 ウルムル・ベイ
Wooloomooloo Bay

11 ハイド・パーク
Hyde Park

キングス・クロス
KINGS CROSS

6 エル・アラメイン噴水
El Alamein Fountain

Elizabeth Bay

Rushcutters Bay

セント・ジェームス
ST JAMES

5 キングス・クロス
Kings Cross

オーストラリア博物館
Australian Museum

ダブル・ベイへ

ark St. **26** **34** **27** William St.

3 **4** ウィリアム・ストリート
William Street

College St

ユーロン・ストリート
Yurong Street

エッジクリフ
EDGECLIFF

T4

ミュージアム
MUSEUM

Oxford St.

ボンダイ・ビーチへ

凡例

1 ビッグ・バス・ツアーズ シティ・ツアー
数字は停車順

26 ビッグ・バス・ツアーズ ボンダイ・ツアー
数字は停車順

●--- シドニートレイン

● シドニーライトレール

●······ シドニーフェリー

28

パディントン・タウン・ホール
Paddington Town Hall

カンタン・安い！

▶シドニー・トレインのマーク

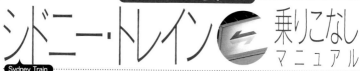

シドニー・トレイン 乗りこなしマニュアル

Sydney Train

┃攻略ポイント

┃チケットの種類

シドニー・トレインは乗車距離によって1〜5のゾーンに分かれている。切符はシングルSingleのみでA\$4.50〜10.80。購入は構内の自動券売機で。オパールカード（→P89）の場合は片道A\$3.61〜8.86。

シドニー・トレインの
シングル・チケット

┃券売機のCityとは？

Cityとはセントラル、タウン・ホール、ウィンヤード、サーキュラー・キー、セント・ジェームス、ミュージアム、マーティン・プレイス、キングス・クロスの8駅をさす。券売機には「City」の表示があり、これを選択すれば、上記いずれの駅でも下車が可能だ。

買う

①種別、行き先を選ぶ

チケットの種類、行き先を画面でタッチする。

②お金を投入

表示された金額を投入。複数購入する場合はRepeatをタッチすると4枚まで購入できる。

タッチパネルの画面にタッチしてチケットを購入する

お金の投入口。A\$19.90以上のおつりが必要な場合は、A\$50紙幣は使用できないので注意

チケット受取り口。おつりも忘れずに

乗る

①駅を探す

駅の入口には矢印を2つ合わせたようなマークまたは列車のマークが掲げられている。地下を走るシティにある駅は入口が見つけにくいので注意。

エアポート・リンクの停車駅には飛行機マークが入る

②切符を買う

タッチパネルの利用の仕方は上記参照。料金は距離によって変わるので、目的の駅名は事前に確認を。オパールカードを使うと切符購入の手間が省けて便利。

窓口で買うこともできる

③改札を通る

改札はすべて自動改札。オパールカードは自動改札機にかざす。切符は自動改札機に差し込み、上部から出てくる切符を引き抜くとゲートが開く。

オパールカードをかざして改札へ

④ホームに出る

方面によりホームが離れている場合があるので、階段を下りる前に方面別の表示を確認しよう。路線名は色分けされているのでわかりやすい。

セントラル駅は複数の路線が乗り入れているので複雑

シドニー市内と郊外を結ぶシドニー・トレインは全8路線

路線ごとの時刻表は、各駅のインフォメーションで手に入る

主な路線の種類

シティ・サークルとはシドニー中心部の地下を走る環状線。マーティン・プレイス、キングス・クロス駅を除くCity6駅のこと

T1 ノース・ショア&ウエスタン・ライン		シドニー北部～シティ・サークル3駅～シドニー西部
T2 インナー・ウエスト&レッピントン・ライン		シドニー南西部～リヴァプール駅～空港方面～シティ・サークル
T3 バンクスタウン・ライン		リヴァプール駅～空港方面～シティ・サークル
T4 イースタン・サバーブス&イラワラ・ライン		ボンダイ・ジャンクション駅～シティ・サークル2駅～シドニー南部
T5 カンバーランド・ライン		レッピントン駅～リッチモンド駅
T7 オリンピック・パーク・ライン		オリンピック・パーク駅～リッドクーム駅
T8 エアポート&サウス・ライン		シティ・サークル～空港～マッカーサ駅
T9 ノーザン・ライン		ゴードン駅～シティ・サークル3駅～ホーンズビー駅

こんなトコ注意!

- 19時以降はナイトセーフ・エリアから乗車を。青ランプの付いている車両には警備員が乗車している場合もある。
- 車内での飲酒、喫煙は禁止。入口付近には日本同様、優先席がある。
- セントラル駅など大きな駅では、駅構内の移動に、かなりの距離を要する場合も。

実践カンタン会話

- ○○行きの切符を1枚ください
  I'd like one ticket for ○○.
  アイド ライク ワン ティキット フォー ○○
- ○○行きはどのホームですか?
  What Platform is the train to ○○?
  ウワット プラットフォーム イズ ダ トゥレイン トゥ ○○
- 時刻表をもらえますか?
  May I have a timetable?
  メイ アイ ハブア タイムテイブウ

5 乗車する
同じホームから複数の路線が出発することもあるのでホームの案内モニターで確認を。列車が到着しても構内アナウンスはない。列車のドアは自動開閉。

車両には行き先や路線名は表示されていない

6 乗り換え
乗換駅のホームには路線名などが書かれた案内板があるので、それをたどってホームに向かおう。

セントラル駅の案内板

7 下車する
停車駅の車内アナウンスは聞き取りにくいことが多いので、電光掲示板などで確認しよう。荷物が多いときは、到着前に入口付近に移動しておくとよい。

下車したら「出口/ Way out」の看板をたどって改札へ

8 改札を出る
出るときも自動改札機にオパールカードをかざす。自動的に移動距離が計算され、精算される。切符は入札時と同様に、自動改札機に切符を投入。シングル・チケットの場合、乗り越し精算はできない。

切符の場合は出口でも出てくるので取り忘れないように

次は「シドニー・ライト・レール/タクシー」

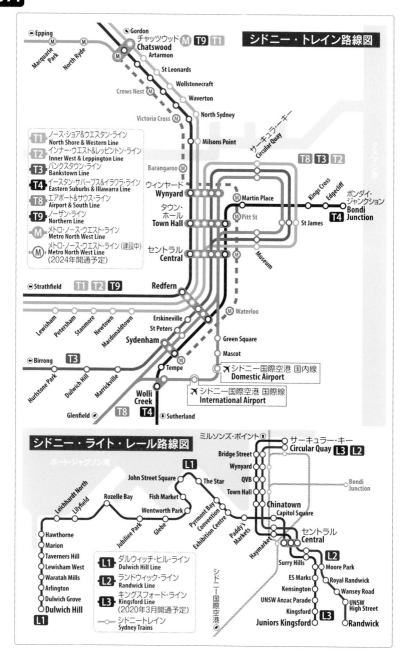

シドニー・トレイン路線図

シドニー・ライト・レール路線図

小回りがきく

シドニー・ライト・レール乗りこなしマニュアル

Sydney Light Rail

攻略ポイント

ダーリング・ハーバー観光に

2020年3月開通のL3(キングスフォード・ライン) を加えて全3路線が運行中の路面電車。L1はセントラル駅を起点に、西へ延びる路線で、全22駅に停車。セントラル駅～ザ・スター駅間は24時間、ザ・スター駅から先は6～23時(金曜は～24時)。10～15分間隔 (深夜～翌6時は30分間隔) で運行。L2はサーキュラー・キー～ランドウィック、L3はサーキュラーキー～ジュニア・キングスフォードを運行。

料金

料金は距離制で、0～3kmが片道A$2.90、3～8kmが片道A$4.60、8km～が片道A$6。

距離	Opal	Ticket
0～3km	A$2.24	A$2.90
3～8km	A$3.73	A$4.60
8km～	A$4.80	A$6

乗る

① 駅を探す

路面にレールが敷かれているので駅は見つけやすい。通称「トラム」とよばれているので、「Tram Stop」と書かれた案内板が目印。

② 乗車する

乗車はどのドアからでもOK。プラットホーム上にある読取機にオパールカードをかざす。シングルチケットはプラットホーム上にあるチケット券売機で購入できる。

③ 下車する

基本的にすべての駅で停車するので、下車の意志表示は不要。ドアが自動で開かない場合は自分でボタンを押す。ホームに出るときは周囲の交通に注意を! オパールカードを利用して乗車した場合は、降りる時も読取機にかざす。

タクシー乗りこなしマニュアル

Taxi

攻略ポイント

流しのタクシー多し

市内には流しのタクシーが多く走っているので、週末の夜以外は比較的つかまえやすい。主要道路やホテルにはタクシー・スタンドもある。

料金

初乗りA$3.60。以降は1kmごとにA$2.19加算（金・土曜の22時～翌6時は初乗りA$6.10)。電話で呼んだ場合はA$2.50加算。有料区間料金などもある。

乗る

① タクシーを探す

車体上部のTAXIランプが点灯しているのが空車。空車が来たら手を挙げて乗車の意志を伝える。

② 乗車する

現地では助手席に乗る人が多いが、夜間に女性ひとりで利用するときなどは後部座席に乗車する。ドアは自分で開閉。

③ お金を払う

料金はメーター制。なるべく小額紙幣を用意しておくこと。各種クレジットカードも利用できるが、5%の手数料がかかる。チップは不要。

難易度高し！

▶黄色い看板が目印

シドニー・バス乗りこなしマニュアル
Sydney Bus

▌攻略ポイント

▌最初は少し難しい

青と白の車体が市内全域を網羅する。路線が複雑だが、ほかの交通機関でアクセスできない場所に行くときには便利。事前にルートを確認してから利用しよう。

▌料金

市内でチケットを購入して乗車する。運賃は、バスの場合は6セクション、オパールカード（→P89）の場合は3セクションに分けられ計算される。市内中心部だけなら最低運賃で収まる。チケットの場合はA\$2.90、オパールカードはA\$2.24。

▌観光に便利な路線

路線番号	起点〜終点	主な経由地
333	Circular Quay〜North Bondi	マーティン・プレイス(エリザベス通り)、パディントン(オックスフォード通り)、ボンダイ・ビーチ
379	North Bondi〜Bronte Beach	ボンダイ・ジャンクション駅
431	Martin Place Station〜Glebe Point	セントラル駅、ブロードウェイ・ショッピング・センター
440	Bondi Junction Station〜Darling St.	パディントン(オックスフォード通り)、ミュージアム駅

乗る

① バス停を探す

バス停には雨よけの屋根があるものとバスのマークが描かれたスタンドだけが立つものがある。バス停に路線図がある場合は、目的地を通る路線を確認しておこう。方面別の路線図入り時刻表をトランスポート・ショップやニュース・エージェンシーで入手しておくとよい。

② 乗る・支払う

矢印の方向にバスを通す

乗りたいバスが来たら手を挙げて乗車の意志を伝える。満員の場合は通過することもある。乗車は前から。バスの場合は車内にある緑の検札機にバスを通すと、印字されたバスが出てくる。オパールカードの場合は読取機にカードをかざす。

③ 降りる

車内アナウンスはないので目的地に着いたら教えてくれるよう運転手に頼んでおこう。バス停が近づいたら、STOPと書かれた赤い降車ボタンを押す。降車は前後どちらからでもOK。

実践カンタン会話

このバスは○○に行きますか？
Does this bus go to ○○?
ダズ ディス バス ゴゥ トゥ ○○

到着したら教えてください
Please let me know when we arrive.
プリーズ レット ミー ノウ ウェン ウィ アライヴ

こんなにお得！ オパールカード オススメ

①1日の運賃支払いには上限があり、月〜土曜はA\$16.10（大人）、日曜はA\$2.80まで。これを超えた分は無料となる。

②1週間にカードを8回以上利用した場合、それ以降の利用運賃は半額となる。1週間の起点は、毎週月曜日。

③電車の利用運賃が週末、祝祭日のほかオフピーク時間帯*なら通常料金の30%オフになる。（*平日の7〜9時、16時〜18時30分を除く時間帯）

④1時間以内に同じ交通機関を、再度利用する場合は料金は支払い済み扱いになる。

※シドニー空港への路線は対象外で、1週間以内に2回以上利用するとA\$23の上限が適用される

シドニー中心部（CBD）では事前にチケットを用意しないと乗車できないプリペイオンリー（料金先払い）のバスが増えている。平日7〜19時に市内でバスに乗る場合は車内でチケットは購入できないので、オパールカードがあると便利。

これらも便利！

シドニー・フェリー 乗りこなしマニュアル
Sydney Ferry

■攻略ポイント

クルーズ気分満点

海上からの眺めも楽しめるので、旅行者にも人気のフェリー。起点となるのはサーキュラー・キー（**MAP** P29B2）で、各航路への便数は1時間1〜4本、運航時間は6〜24時ごろ（土・日曜、祝日7〜24時ごろ）。航路により異なる。

料金とシステム

サーキュラー・キーにはフェリー乗り場となる埠頭（ワーフ Wharf）が5カ所ある。片道料金はマイフェリー1がチケットの場合A\$7.60、オパールカードの場合A\$6.12。マイフェリー2がチケットの場合A\$9.40、オパールカードの場合A\$7.65。往復はそれぞれ2倍の料金。

シドニー湾を巡る キャプテン・クック・クルーズ

さまざまな湾内クルーズが楽しめる。代表的なのがハーバー・ハイライツで、1時間15分A\$39〜。ランチ・ディナー付きクルーズもある。6番埠頭から出航。
☎ (02)9206-1111

乗る

① 案内板で確認

サーキュラー・キーにはフェリーの行き先、埠頭（ワーフ）番号、出発時刻を示した案内板が設置されている。ここで自分が乗りたいフェリーの確認を。

② チケットを買う

チケットは各ワーフの窓口または自動券売機で購入する。窓口や自動販売機のない乗り場では乗船後に船内の係員から購入する。オパールカードを持っている場合は直接改札へ。

③ 改札口へ

チケットを改札口の機械に通し、上部から出てきたチケットを引き抜くとゲートが開く。オパールカードの場合は読取機にカードをかざす。

④ 乗船する

基本的に席は早い者勝ち。景色がすばらしいデッキは人気だ。

⑤ 下船する

船が停まってから下船する。桟橋にある時刻表で帰りの便を確認しておこう。オパールカードを利用して乗船した場合は、降りるときも読取機にカードをかざす。

■主な航路と料金

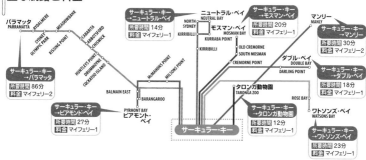

※マイフェリー1：チケットA\$7.60、オパールカードA\$6.12
マイフェリー2：チケットA\$9.40、オパールカードA\$7.65

効率よくまわれる
周遊バス乗りこなしマニュアル
Other Buses

▌攻略ポイント

▌ルートは2種類

どちらの路線も
2階建ての赤い
車体が目印

ビッグ・バス・シドニーが運行、市内中心部をまわるシティ・ツアーと、市の東に連なるビーチを巡るボンダイ・ツアーがある。料金は少々高めだが効率よくまわることができ、車窓の風景や歴史を紹介するアナウンス（録音／日本語あり）もあるので、シドニー初心者におすすめ。

▌時間と料金

シティ・ツアーは8時30分〜19時30分（サーキュラー・キー発）、ボンダイ・ツアーは9時〜19時30分（セントラル駅発）。チケットは2路線共通で、1日チケットA\$59、2日チケットA\$79。

▌お得なチケット

2日間有効のデラックス・プラス・チケットA\$129を購入すれば、2路線が2日間乗り降り自由。さらにシドニー・タワー・アイ、マダム・タッソー、シーライフ・シドニー、ワイルド・ライフ・シドニーの入場料も含まれる。

➡天気のいい日は
2階席がおすすめ。
眺望もよく気持ち
がいい

⬅車内は観
光アナウン
ス付き! ツ
アーバスの
ような気分が
楽しめる

乗る

① バス停を探す

サーキュラー・キーのバスターミナルが起点。それ以外のバス停から乗る場合は、赤いサインボードを探そう。

ビッグ・バ
ス・シドニー
のバス停

② 乗車する

前から乗車する。トランスポート・ショップや、サーキュラー・キーから乗車する場合は、バス停にいるスタッフからチケットを事前購入しておくとスムーズ。

③ チケットを刻印

チケットは運転手から直接購入することもできる。シドニー・バスと同様、緑の検札機にチケットを通す。

④ 降りる

バスはすべての停留所に停まるので乗り越しの心配はない。バスを降りたら、次のバスの発車時刻を確認してから街歩きを始めよう。

➡ハーバーサイドなど、景色
のよい海沿いを走る

バス停一覧

シティ・ツアーの停留所

バス停は全部で23。1周約1時間45分

駅名和文	駅番号	駅名欧文
サーキュラー・キー	❶	Circular Quay
↓		
シドニー・タワー／ウエスフィールド・シドニー	❷	Sydney Tower/ Westfield Sydney
↓		
オーストラリア博物館	❸	Australian Museum
↓		
ウィリアム・ストリート	❹	William Street
↓		
キングス・クロス	❺	Kings Cross
↓		
エル・アラメイン噴水	❻	El Alamein Fountain
↓		
ウルムル・ベイ	❼	Woolloomooloo Bay
↓		
シドニー・オペラ・ハウス	❽	Sydney Opera House
↓		
王立植物園	❾	Botanical Gardens
↓		
ニュー・サウス・ウェールズ州立図書館	❿	State Library
↓		
ハイド・パーク	⓫	Hyde Park
↓		
セントラル駅	⓬	Central Station
↓		
パワーハウス・ミュージアム	⓭	Power House Museum
↓		
シドニー・フィッシュ・マーケット	⓮	Sydney Fish Market
↓		
ザ・スター	⓯	The Star
↓		
国立海事博物館	⓰	Maritime Museum
↓		
インターナショナル・コンベンション・センター	⓱	International Convention Centre
↓		
中国庭園／チャイナタウン	⓲	Chinese Gardens/ Chinatown
↓		
シー・ライフ・シドニー	⓳	Sea Life Sydney Aquarium
↓		
キング・ストリート・ワーフ	⓴	King Street Wharf
↓		
バランガルー	㉑	Barangaroo
↓		
シドニー・ハーバー・ブリッジ	㉒	Sydney Harbour Bride
↓		
ロックス	㉓	The Rocks

ボンダイ・ツアーの停留所

バス停は全部で11。1周約1時間30分

駅名和文	駅番号	駅名欧文
セントラル駅	㉔	Central Station
↓		
タウン・ホール	㉕	Town Hall
↓		
オーストラリア博物館	㉖	Australian Museum
↓		
ウィリアム・ストリート	㉗	William Street
↓		
パディントン・タウン・ホール	㉘	Paddington Town Hall
↓		
センテニアル・パークランド	㉙	Centennial Parklands
↓		
ボンダイ・ビーチ	㉚	Bondi Beach
↓		
ノース・ボンダイ	㉛	North Bondi
↓		
ローズ・ベイ	㉜	Rose Bay
↓		
ダブル・ベイ	㉝	Double Bay
↓		
ユーロン・ストリート	㉞	Yurong Street

乗り換え可能停留所

オーストラリア博物館、ウィリアム通り、セントラル駅の3カ所で乗り換え可能。

15～20分おきに運行。2日間有効のチケットはA$79

トランスポート・ショップや車内で詳しいルートマップを入手しよう

出国

いよいよ…「帰国」

▌自力で「空港へ」行くコツ

シドニー・トレインの空港駅は国内線と国際線で異なる。
DOMESTIC AIRPORT駅で下車しないよう注意。

市内〜空港間の手段は4つ(→P86)。便利な手段はシドニー・トレインとミニバン。荷物が少ないときはシドニー・トレイン、多い場合にはミニバンがおすすめ。ミニバンは前日までに予約を。ピックアップ希望時間は搭乗3時間前ぐらいがベター。

▌注意ポイント多し「出国の流れ」

残ったオーストラリアドルは、使いきるか出国前に再両替を。日本での両替はレートが悪くなる。

チェックイン Check-in	利用航空会社のカウンターで航空券(eチケット控え)とパスポートを提示。預ける荷物があればここで預け、荷物引換証(Claim Tag)と搭乗券を受け取る。

出国時は国籍、年齢に関わらず利用可能。

出国審査 Immigration	自動出入国管理システム「SmartGate」にて手続きを行う。パスポートの顔写真を読み込ませ、カメラに向かって顔認証をする。

保安検査 Security Check	ボディチェックとX線による手荷物検査を受ける。X線検査で中身がわからなかった場合などは荷物を開けられることもある。

出発フロアには免税店、ショップ、レストランなどが充実している。

出発ロビー Departure Lobby	税金の払い戻し申請をする場合は、出発ロビーのTRSカウンターへ。出発30分前には搭乗ゲートへ向かおう。

▌出発フロアをチェック

シドニー国際空港2階出発フロア

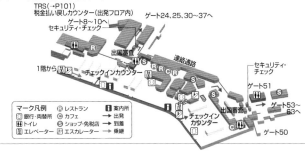

TRS(→P101)
税金払い戻しカウンター(出発フロア内)
ゲート24、25、30〜37へ
ゲート8〜10へ
セキュリティ・チェック
出国審査
連絡通路
セキュリティ・チェック
1階から
チェックインカウンター
ゲート51
ゲート53〜63へ
出国審査
チェックインカウンター
ゲート50

マーク凡例
Ⓡ レストラン　🏠 案内所
Ⓑ 銀行・両替所　Ⓒ カフェ　→ 出発
🚻 トイレ　Ⓢ ショップ・免税店　→ 到着
🛗 エレベーター　🚶 エスカレーター　→ 乗継

税金の払い戻しって?

外国人旅行者は、商品にかかる10%の消費税(GST)やワイン同等化税(WET)に対して税金の還付が受けられる。条件は以下のとおり。①ABN(※)をもつ店舗で購入し、1店舗あたりの合計購入金額がA$300以上のもの、②出国前に消費せず国外に持ち出すもの、③出国前60日以内に購入したもの、④出国の際に手荷物として扱えるもの(液体物は別途制約あり)。なお、生鮮食品、免税品は対象外。

Step 1	お店で…免税書類(TAX INVOICE)を発行してもらう。レシートだけでは不可。
Step 2	空港で…TRSカウンターで①TAX INVOICE、②購入商品、③パスポート、④搭乗券を提出して、払い戻しの手続きをする。
Step 3	お金の受け取り…①クレジットカードの口座への振込み、②小切手、③オーストラリアの銀行口座への振込みの3通りから選択する。手続きは出国手続きが終わった出発ロビーのカウンターで出発予定時間30分前までに行う。

※ABN=Australian Business Number
(企業納税登録番号)

日本帰国時の注意 主な免税範囲

酒類	3本(1本760ml程度)
たばこ	1種類の場合、紙巻400本、葉巻100本、その他500g。2種類以上の持ち込みは換算して総重量500gまで(2021年10月から半量になる)
香水	2オンス(約56ml、オードトワレ・コロンは除外)
その他	1品目ごとの海外市価合計額が1万円以下のもの全量、海外市価合計額20万円まで

輸入禁止と輸入制限
◎主な輸入禁止品は麻薬、大麻、覚せい剤、鉄砲類、わいせつ物、偽ブランド品など。◎主な輸入規制品は、ワシントン条約に該当するもの(ワニ、ヘビ、トカゲ、象牙などの加工品や漢方薬など)、土つきの植物、果実、切り花、野菜、ハムやソーセージなどの肉類。◎医薬品や化粧品も数量制限あり(化粧品は1品目24個以内)。

税関検査

日本の税関検査カウンターでは、外国から日本に入国するすべての人に対して、旅行中に買った物品のほか、預かり物も含め、免税範囲を超える物品の有無について確認する。免税の範囲内であれば緑の検査台で、免税範囲を超えている場合、または超えているかどうかわからない場合は赤の検査台で税関検査を受ける。免税範囲を超える物品があれば、輸入品の扱いとなり所定の利率で課税される。課税の場合は税関検査場の銀行で税金を納付する。

別送品がある場合や免税範囲を超えたときの税率など、詳細は税関 URL www.customs.go.jp/ を参照。

「携帯品・別送品申告書」

機内や税関前にある「携帯品・別送品申告書」を記載し、税関検査の際に提出する。1家族1通提出することが義務づけられている。

シドニー郊外

N　0　15　30km

ライルストン
○Rylstone

ハンター・バレー
[P13,74]

メイトランド
Maitland

15

ポート・スティーブンス
[P12,73]

1

○Raymond
Terrace

Nelson
Bay

セスノック
Cessnock

●ニューカッスル
Newcastle

82

○ベルモント
Belmont

111

リスゴー
Lithgow

86

69

40

○ゴスフォード
Gosford

フェザーデール・
ワイルドライフ・パーク
[P12]

ウィンザー
○Windsor

カトゥーンバ
Katoomba

ルーラ
Leura

○Penrith

Hornsby○

シドニー全体図 P103

マンリー
○Manly

○Parramatta

○シドニー
Sydney

メガロング・オーストラリアン・
ヘリテイジ・センター

リヴァプール
Liverpool○

ブルー・マウンテンズ
[P13,70]
オーストラリアン・ボタニック・ガーデン・
マウント・アラン

●
Campbelltown

サザランド
○Sutherland

89

69

ミッタゴン
Mittagong

ウーロンゴン
◉Wollongong

Moss Vale○

31

○Kiama

1

ノウラ
◉Nowra

ダーウィン●

ケアンズ●

ブリスベン●

●パース

シドニー **P102**

●メルボルン

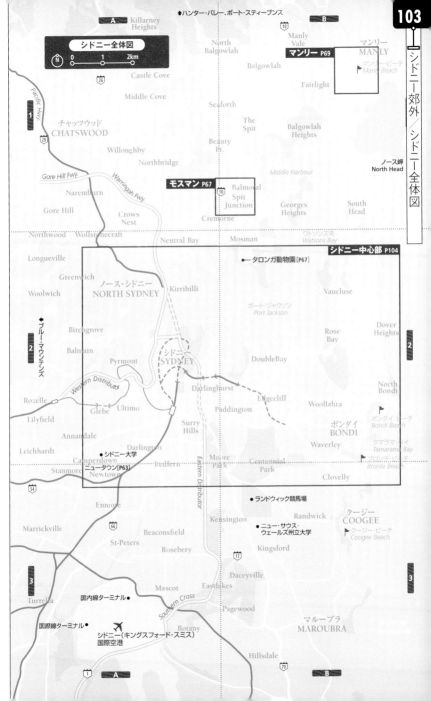

シドニー全体図

N 0 1 2km

↑ハンター・バレー、ポート・スティーブンス

A Killarney Heights

B

North Balgowlah

Manly Vale

マンリー MANLY

マンリー P69

マンリー・ビーチ
Manly Beach

Balgowlah

Castle Cove

Fairlight

Middle Cove

Seaforth

The Spit

Balgowlah Heights

チャッツウッド CHATSWOOD

Willoughby

Beauty Pt.

ノース岬 North Head

Pacific Hwy

Gore Hill Fwy

Northbridge

Middle Harbour

モスマン P67

Balmoral

Naremburn

Warringah Fwy

Spit Junction

Georges Heights

South Head

Gore Hill

Crows Nest

Cremorne

Northwood Wollstonecraft

Neutral Bay

Mosman

ワトソンズ湾 Watsons Bay

Longueville

シドニー中心部 P104

● タロンガ動物園[P67]

Greenwich

ノース・シドニー NORTH SYDNEY

Kirribilli

Vaucluse

Woolwich

ポート・ジャクソン Port Jackson

ブルー・マウンテンズ

Birchgrove

Rose Bay

Dover Heights

Balmain

シドニー SYDNEY

DoubleBay

Pyrmont

Western Distributor

North Bondi

Rozelle

Darlinghurst

Edgecliff

Woollahra

Glebe Ultimo

Paddington

Lilyfield

Surry Hills

ボンダイ BONDI

ボンダイ・ビーチ Bondi Beach

Annandale

Darlington

Waverley

タマラマ・ベイ Tamarama Bay

Leichhardt

● シドニー大学

Moore Park

Centennial Park

Camperdown

ニュータウン[P63]

Redfern

ブロンテ・ビーチ Bronte Beach

Stanmore

Newtown

Clovelly

Eastern Distributor

● ランドウィック競馬場

Enmore

Kensington

Randwick

クージー COOGEE

Marrickville

Beaconsfield

● ニュー・サウス・ウェールズ州立大学

クージー・ビーチ Coogee Beach

St-Peters

Rosebery

Kingsford

Daceyville

Turrella

国内線ターミナル ●

Mascot

Eastlakes

Southern Cross

Pagewood

マルーブラ MAROUBRA

国際線ターミナル ●

シドニー(キングスフォード・スミス)国際空港

Botany

Hillsdale

A

B

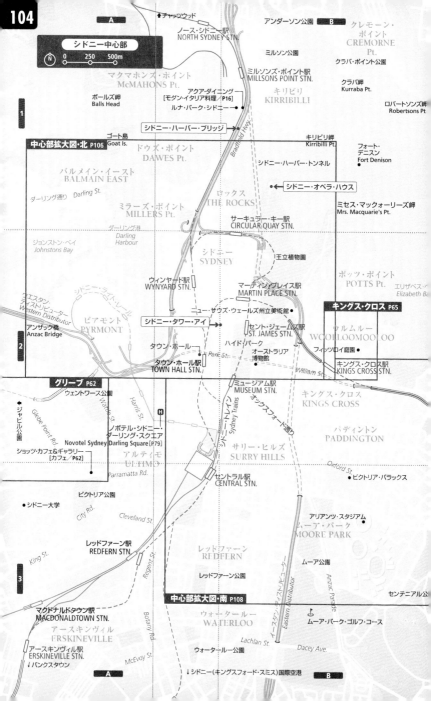

↑チャッツウッド

A

ノース・シドニー駅
NORTH SYDNEY STN.

アンダーソン公園 **B**

クレモーン・ポイント
CREMORNE Pt.

ミルソン公園

クラバ・ポイント公園

シドニー中心部

N 0 250 500m

クラバ岬
Kurraba Pt.

マクマホンズ・ポイント
McMAHONS Pt.

ミルソンズ・ポイント駅
MILLSONS POINT STN.

キリビリ
KIRRIBILLI

ロバートソンズ岬
Robertsons Pt

ボールズ岬
Balls Head

アクア・ダイニング
[モダン・イタリア料理 P16]

ルナ・パーク・シドニー

1

シドニー・ハーバー・ブリッジ

ゴート島
Goat Is.

キリビリ岬
Kirribilli Pt.

フォート・デニスン
Fort Denison

中心部拡大図・北 P106

ドウズ・ポイント
DAWES Pt.

シドニー・ハーバー・トンネル

バルメイン・イースト
BALMAIN EAST

シドニー・オペラ・ハウス

ダーリング通り Darling St.

ミラーズ・ポイント
MILLERS Pt.

ロックス
THE ROCKS

ミセス・マックォーリーズ岬
Mrs. Macquarie's Pt.

ダーリング港
Darling Harbour

サーキュラー・キー駅
CIRCULAR QUAY STN.

ジョンストン・ベイ
Johnstons Bay

シドニー
SYDNEY

王立植物園

ウィンヤード駅
WYNYARD STN.

マーティン・プレイス駅
MARTIN PLACE STN.

ポッツ・ポイント
POTTS Pt.

エリザベス・
Elizabeth Ba

ウエスタン・ディストリビューター
Western Distributor

ピアモント
PYRMONT

ニュー・サウス・ウェールズ州立美術館

キングス・クロス P65

アンザック橋
Anzac Bridge

2

シドニー・タワー・アイ

セント・ジェームズ駅
ST. JAMES STN.

ウルムルー
WOOLLOOMOOLOO

タウン・ホール

ハイド・パーク

フィッツロイ庭園

キングス・クロス駅
KINGS CROSS STN.

タウン・ホール駅
TOWN HALL STN.

Park St.

オーストラリア博物館

グリーブ P62

ウェントワース公園

ミュージアム駅
MUSEUM STN.

キングス・クロス
KINGS CROSS

Harris St.

オックスフォード通り

William St.

パディントン
PADDINGTON

ジャビル公園

Glebe Point Rd.

H

ノボテル・シドニー・ダーリング・スクエア [P79]
Novotel Sydney Darling Square

サリー・ヒルズ
SURRY HILLS

ショッツ・カフェ&ギャラリー
[カフェ/ P62]

アルティモ
ULTIMO

Parramatta Rd.

セントラル駅
CENTRAL STN.

Oxford St

ビクトリア・バラックス

ビクトリア公園

●シドニー大学

City Rd.

Cleveland St.

アリアンツ・スタジアム

ムーア・パーク
MOORE PARK

レッドファーン駅
REDFERN STN.

レッドファーン
REDFERN

ムーア公園

King St.

Regent St.

レッドファーン公園

3

中心部拡大図・南 P108

センテニアル公

マクドナルドタウン駅
MACDONALDTOWN STN.

ウォータールー
WATERLOO

ムーア・パーク・ゴルフ・コース

アースキンヴィル
ERSKINEVILLE

Eastern Distributor

Anzac Parade

アースキンヴィル駅
ERSKINEVILLE STN.

Botany Rd.

ウォータールー公園

Lachlan St.

Dacey Ave.

↓バンクスタウン

McEvoy St.

↓シドニー(キングスフォード・スミス)国際空港

A

B

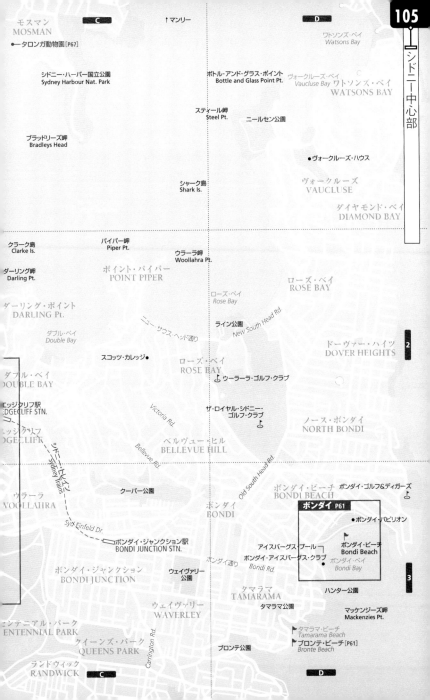

モスマン
MOSMAN

C

↑マンリー

D

ワトソンズ・ベイ
Watsons Bay

●―タロンガ動物園[P67]

シドニー・ハーバー国立公園
Sydney Harbour Nat. Park

ボトル・アンド・グラス・ポイント
Bottle and Glass Point Pt.

ヴォークルーズ・ベイ
Vaucluse Bay

ワトソンズ・ベイ
WATSONS BAY

スティール岬
Steel Pt.

ニールセン公園

ブラッドリーズ岬
Bradleys Head

●ヴォークルーズ・ハウス

シャーク島
Shark Is.

ヴォークルーズ
VAUCLUSE

ダイヤモンド・ベイ
DIAMOND BAY

クラーク島
Clarke Is.

パイパー岬
Piper Pt.

ウラーラ岬
Woollahra Pt.

ダーリング岬
Darling Pt.

ポイント・パイパー
POINT PIPER

ローズ・ベイ
ROSE BAY

ダーリング・ポイント
DARLING Pt.

ローズ・ベイ
Rose Bay

ダブル・ベイ
Double Bay

ニュー・サウス・ヘッド通り
New South Head Rd.

ライン公園

ドーヴァー・ハイツ
DOVER HEIGHTS

2

スコッツ・カレッジ●

ローズ・ベイ
ROSE BAY

ダブル・ベイ
DOUBLE BAY

♪ウーラーラ・ゴルフ・クラブ

エッジクリフ駅
EDGECLIFF STN.

Victoria Rd.

ザ・ロイヤル・シドニー・
ゴルフ・クラブ

ノース・ボンダイ
NORTH BONDI

エッジクリフ
EDGECLIFF

ベルヴュー・ヒル
BELLEVUE HILL

Bellevue Rd.

シドニー・トレインズ
Sydney Trains

ウラーラ
WOOLLAHRA

クーパー公園

Old South Head Rd.

ボンダイ・ビーチ
BONDI BEACH

ボンダイ・ゴルフ&ディガーズ

ボンダイ P61

Syd Einfeld Dr.

ボンダイ・ジャンクション駅
BONDI JUNCTION STN.

ボンダイ
BONDI

●ボンダイ・パビリオン

アイスバーグス・プール

ボンダイ・ビーチ
Bondi Beach

ボンダイ・ジャンクション
BONDI JUNCTION

ウェイヴァリー
公園

ボンダイ・アイスバーグス・クラブ

ボンダイ通り
Bondi Rd.

ボンダイ・ベイ
Bondi Bay

3

ウェイヴァリー
WAVERLEY

タマラマ
TAMARAMA

タマラマ公園

ハンター公園

センテニアル・パーク
CENTENNIAL PARK

マッケンジーズ岬
Mackenzies Pt.

クイーンズ・パーク
QUEENS PARK

Carrington Rd.

タマラマ・ビーチ
Tamarama Beach

ランドウィック
RANDWICK

C

ブロンテ公園

ブロンテ・ビーチ[P61]
Bronte Beach

D

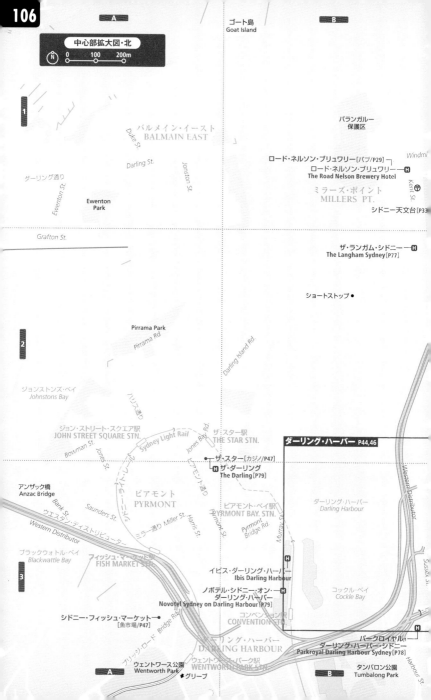

ゴート島
Goat Island

中心部拡大図・北

N
0　　100　　200m

バルメイン・イースト
BALMAIN EAST

Duke St.

Darling St.

Jonston St.

ダーリング通り

Ewenton St.

バランガルー
保護区

ロード・ネルソン・ブリュワリー[パブ/P29]
ロード・ネルソン・ブリュワリー
The Road Nelson Brewery Hotel

Windmi

Kent St.

ミラーズ・ポイント
MILLERS PT.

シドニー天文台[P33]

Ewenton
Park

Grafton St.

ザ・ランガム・シドニー
The Langham Sydney[P77]

ショートストップ ●

Pirrama Park

Pirrama Rd.

Darling Island Rd.

2

ジョンストンズ・ベイ
Johnstons Bay

ハリス通り

ジョン・ストリート・スクエア駅
JOHN STREET SQUARE STN.

Sydney Light Rail

Bowman St.

Jones St.

Jones Bay Rd.

ザ・スター駅
THE STAR STN.

ピアモント通り

ザ・スター[カジノ/P47]
ザ・ダーリング
The Darling[P79]

ダーリング・ハーバー P44,46

ダーリング・ハーバー
Darling Harbour

Western Distributor

アンザック橋
Anzac Bridge

Bank St.

Saunders St.

ミラー通り Miller St.

Harris St.

ピアモント
PYRMONT

ピアモント・ベイ駅
PYRMONT BAY. STN.

Pyrmont
Bridge Rd.

ウエスタン・ディストリビューター

Murray

ブラックウォトル・ベイ
Blackwattle Bay

Western Distributor

フィッシュ・マーケット駅
FISH MARKET STN.

3

イビス・ダーリング・ハーバー
Ibis Darling Harbour

ノボテル・シドニー・オン・
ダーリング・ハーバー
Novotel Sydney on Darling Harbour[P79]

コックル・ベイ
Cockle Bay

Susex St.

シドニー・フィッシュ・マーケット
[魚市場/P47]

コンベンション駅
CONVENTION STN.

ブリッジ・ロード Bridge Rd.

ダーリング・ハーバー
DARLING HARBOUR

パークロイヤル
ダーリング・ハーバー・シドニー
Parkroyal Darling Harbour Sydney[P78]

ウェントワース公園
Wentworth Park

★グリーブ

ウェントワース・パーク駅
WENTWORTH PARK STN.

タンバロン公園
Tumbalong Park

ドウズ岬
Dawes Pt.

C シドニー・ハーバー・ブリッジ [P8]

ノース・シドニー

D

ピア・ワン・シドニー・ハーバー [P77]
Pier One Sydney Harbour

バイロン展望台 [P8]

ドウズ・ポイント
DAWES PT.

ザ・ダイニングルーム
[モダン・オーストラリア料理／**P17**]

P106

★シドニー・オペラ・ハウス

ワーフ・シアター

ドウズ岬公園
Dawes Pt. Park

シドニー
Park Hyatt Sydney [P77]

★セントラル駅

ベネロング岬
Bennelong Pt.

P108

P104

ロックス&サーキュラー・キー P28,30

キャンベルズ入江
Campbells Cove

シドニー・オペラ・ハウス [P6]

ロックス
THE ROCKS

シドニー湾
Sydney Cove

外国船旅客ターミナル

ベネロング

ザ・ヴァトリー公園
ervatory Park

CIRCULAR QUAY

i

サーキュラー・キー
CIRCULAR QUAY

州総督公邸

現代美術館

カール・エクスプレスウェイ
Cahill Expressway

サーキュラー・キー駅
CIRCULAR QUAY STN.
M

ファーム湾
Farm Cove

Mrs Macquaries Rd.

シドニー・ハーバー・マリオット・ホテル
アット・サーキュラー・キー
Sydney Harbour Marriott Hotel
at Circular Quay [P77]

トラベロッジ・ホテル・シドニー・ウィンヤード
Travelodge Hotel Sydney Wynyard

インター・コンチネンタル・シドニー
InterContinental Sydney[P77]

アモラ・ホテル・ジャミソン・シドニー
Amora Hotel Jamison, Sydney [P78]

シドコー音楽堂

王立植物園 [P33]

2

オー・バー・アンド・ダイニング
[回転レストラン]

シドニー博物館 [P33]

i ビジター・インフォメーション

Bond St

在シドニー
日本国総領事館 [P81]

ジョージ・ストリート・
メディカル・センター

ソフィテル・シドニー・ウェントワース [P78]
Sofitel Sydney Wentworth

ンヤード駅
WYNYARD
STN.
M

Bligh St

ザ・メンジーズ・
シドニー
The Menzies Sydney

ラディソン・ブルー・プラザ・
ホテル・シドニー [P79]
Radisson Blu Plaza Hotel Sydney

ロックプール・バー&グリル
[モダン・オーストラリア料理／**P19**]

ニュー・サウス・ウェールズ州立図書館

ビジター・センター

ニュー・サウス・ウェールズ州議事堂

kine

ベントレー・レストラン&バー
[モダン・オーストラリア料理／**P19**]

オヴォロ・ウルムルー
Ovolo Woolloomooloo [P79]

マキアヴェリ [イタリア料理／**P39**]
シティ
CITY

マーティン・プレイス駅
MARTIN PLACE STN. THE DOMAIN

ドメイン

ニュー・サウス・ヴェールズ州立美術館

Bland St.

G.P.O.
(シドニー旧中央郵便局)

シドニー病院

ng St.

トラベロッジ・ホテル・シドニー・
マーティン・プレイス
Travelodge Hotel Sydney Martin Place

旧造幣局

Wilson St.

セント・ジェームス教会

ハイド・パーク・バラックス博物館

Clarence St.

セント・ジェームス駅
ST. JAMES STN. **M**

ドメイン
THE DOMAIN

Harmer St.

Dowling St.

シドニー・タワー・アイ

セント・メアリーズ
大聖堂

P

ウールームールー
WOOLLOOMOOLOO

3

ダブル・ベイ

Market St.

ハイド・パーク [P40]

シドニー・トレイン
Sydney Trains

ウン・ホール

シティ P36,38

シドニー・ブールバード
The Sydney Boulevard Hotel

タウン・ホール駅
TOWN HALL STN. **M**

オーストラリアン・
デザイン・センター
[ギャラリー／P55]

ウエストフィールド・タワー

キングス・クロス駅
KINGS CROSS STN.

Bathurst St.

C

セントラル

オーストラリア
博物館 [P41]

William St.

D

↓この地図の続きは P108

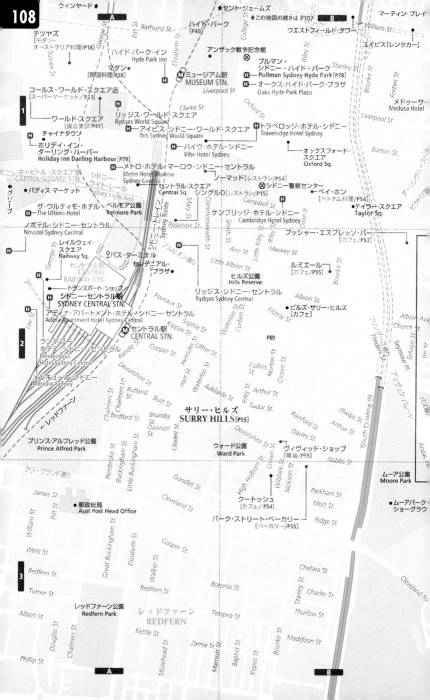

ウィンヤード
A
◆セント・ジェームズ
B
マーティン・プレイ

テツヤズ
[モダン・オーストラリア料理/P18]

ハイド・パーク
[P40]

◆この地図の続きは P107

ウエストフィールド・タワー

エイビス[レンタカー]

ハイド・パーク・イン
Hyde Park Inn

◆アンザック戦争記念館

プルマン・シドニー・ハイド・パーク
Pullman Sydney Hyde Park [P78]

メドゥーサ・
Medusa Hotel

マダン
[韓国料理/P38]

ミュージアム駅
MUSEUM STN.

オークス・ハイド・パーク・プラザ
Oaks Hyde Park Plaza

コールス・ワールド・スクエア店
[スーパーマーケット/P23]

1

ワールド・スクエア
[複合施設/P41]

リッジス・ワールド・スクエア
Rydges World Square

トラベロッジ・ホテル・シドニー
Travelodge Hotel Sydney

チャイナタウン

アイビス・シドニー・ワールド・スクエア
Ibis Sydney World Square

ホリデイ・イン・ダーリング・ハーバー
Holiday Inn Darling Harbour [P79]

バイヴ・ホテル・シドニー
Vibe Hotel Sydney

オックスフォード・スクエア
Oxford Sq.

キャピトル・スクエア駅
CAPITOL SQUARE STN.

メトロ・ホテル・マーロウ・シドニー・セントラル
Metro Hotel Marlow Sydney Central

ノーマッド[レストラン/P54]

◆グリープ

シドニー・ライト・レール
Sydney Light Rail

セントラル・スクエア
Central Sq.

シングルO[レストラン/P15]

シドニー警察センター

ベイ・ホン
[ベトナム料理/P54]

◆パディス・マーケット

ケンブリッジ・ホテル・シドニー
Cambridge Hotel Sydney

テイラー・スクエア
Taylor Sq.

ザ・ウルティモ・ホテル
The Ultimo Hotel

ベルモア公園
Belmore Park

ノボテル・シドニー・セントラル
Novotel Sydney Central

ブッシャー・エスプレッソ・バー
[カフェ/P53]

レイルウェイ・スクエア
Railway Sq.

バス・ターミナル

ヒルズ公園
Hills Reserve

ルミエール
[カフェ/P55]

セントラル駅
CENTRAL RAILWAY STN.

センテニアル・プラザ

リッジス・シドニー・セントラル
Rydges Sydney Central

トランスポート・ショップ

シドニー・セントラル駅
SYDNEY CENTRAL STN.

ビルズ・サリー・ヒルズ
[カフェ]

アディナ・アパートメント・ホテル・シドニー・セントラル
Adina Apartment Hotel Sydney Central

セントラル駅
CENTRAL STN.

2

ランデブー・ホテル・シドニー・セントラル
Rendezvous Hotel Sydney Central

P89

メルキュール・シドニー
Mercure Sydney

サリー・ヒルズ
SURRY HILLS [P55]

レッドファーン

プリンス・アルフレッド公園
Prince Alfred Park

ウォード公園
Ward Park

ヴィヴィッド・ショップ
[雑貨/P55]

ムーア公園
Moore Park

クリーブランド通り

クートッシュ
[カフェ/P54]

◆ムーアパーク・ショーグラウ

郵政総局
Aust Post Head Office

パーク・ストリート・ベーカリー
[ベーカリー/P55]

3

レッドファーン公園
Redfern Park

レッドファーン
REDFERN

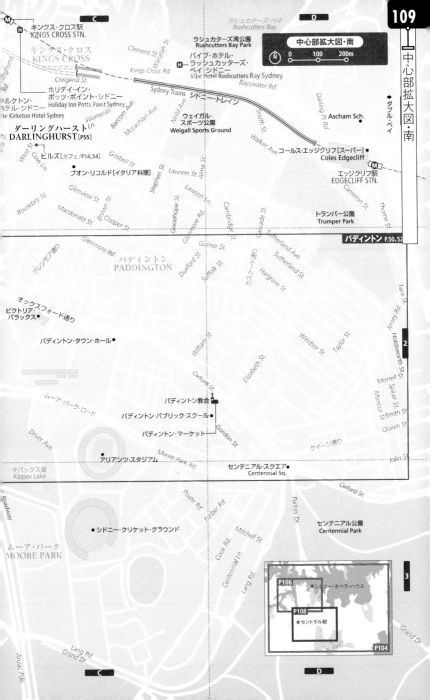

M H キングス・クロス駅
KINGS CROSS STN.
キングス・クロス
KINGS CROSS

Clement St.
Waratah St.

Kings Cross Rd.

ラシュカターズ・ベイ
Rushcutters Bay

ラジュカターズ湾公園
Rushcutters Bay Park

バイブ・ホテル・
ラッシュカッターズ・
ベイ・シドニー
Vibe Hotel Rushcutters Bay Sydney

中心部拡大図・南

N 0 100 200m

Craigend St.

Sydney Trains シドニー・トレイン

Bayswater Rd.

ホリデイ・イン・
ポッツ・ポイント・シドニー
Holiday Inn Potts Point Sydney

ル・キルケトン・
ホテル・シドニー
The Kirketon Hotel Sydney

ダーリングハースト[P55]
DARLINGHURST[P55]

Womerah Ave.
Barcom Ave.
McLachlan Ave.

ウェイガル・
スポーツ公園
Weigall Sports Ground

South Rd.
Darling Pt Rd.

Ascham Sch.

ダブル・ベイ

West St.
Cow Ln.
Gosbell St.

ビルズ[カフェ/P14,54]

ブオン・リコルド[イタリア料理]

Stephen St.
Lawson St.
Alma St.

Walker Ave.

コールス・エッジクリフ[スーパー]
Coles Edgecliff

M エッジクリフ駅
EDGECLIFF STN.

Glenview St.
Brown St.

Lawson St.

Cambridge St.

Cascade St.

Cameron St.
Thorne St.

Boundary St.
Macdonald St.
Cooper St.

Goodhope St.
Glenmore St.

トランパー公園
Trumper Park

Glenmore Rd.

Gurner St.

Sutherland Ave.
Sutherland St.

パディントン P.50,52

グレンモア湖

パディントン
PADDINGTON

Duxford St.
Suffolk St.

Hargrave St.

Tara St.
Jersey Rd.
Holdsworth St.

2

オックスフォード通り

ビクトリア・
バラックス

パディントン・タウン・ホール

William St.

Oxford St.

Elizabeth St.

Windsor St.
Taylor St.

Morrell St.
Spicer St.
Moncur St.
Smith St.
Queen St.

パディントン教会

パディントン・パブリック・スクール

パディントン・マーケット

Gordon St.

クイーン通り

John St.

ムーア・パーク・ロード

Driver Ave.

Moore Park Rd.

アリアンツ・スタジアム

センテニアル・スクエア
Centennial Sq.

Oxford St.

キパックス湖
Kippax Lake

Poate Rd.
Forber Rd.

Parkes Dr.

センテニアル公園
Centennial Park

ムーア・パーク
MOORE PARK

シドニー・クリケット・グラウンド

Cook Rd.
Mitchell St.
Centennial Ln.
Lang Rd.

3

Roadway

Lang Rd.
Grand Dr.

Anzac Pde.

Grand Dr.

P106 ★シドニー・オペラ・ハウス

P108
★セントラル駅

P104

C

D

ラインナップ **タビトモ シドニー**

アジア

1. ソウル
2. バンコク
3. 上海
4. 北京
5. 香港
6. マカオ
7. 台北
8. シンガポール
9. バリ島
10. ホーチミン
11. クアラルンプール マレーシア
12. アンコールワット
13. タイ
14. 韓国
15. ベトナム
16. セブ・マニラ フィリピン
17. 台湾 高雄・台南・花蓮・台北
18. ジャカルタ ジャワ島
19. 済州島
20. デリー・アグラ・ジャイプル インド
24. ドバイ

ヨーロッパ

1. パリ
2. ロンドン
3. マドリード・バルセロナ スペイン
4. ローマ・フィレンツェ
5. ヴェネツィア・ミラノ
6. イタリア
7. フランス
8. ドイツ ロマンティック街道
9. 北欧
10. イギリス
11. スイス
12. オランダ・ベルギー・ルクセンブルク
13. クロアチア・スロヴェニア
15. ウィーン オーストリア
16. ロンドン＆パリ

アメリカ

1. ニューヨーク
2. ロサンゼルス・ラスベガス
3. サンフランシスコ
4. バンクーバー・カナディアンロッキー
5. シカゴ
6. ナイアガラ・トロント・メープル街道
7. カナダ

太平洋

1. ホノルル
2. グアム
3. シドニー
4. サイパン
5. ハワイ ホノルル・ハワイ島・マウイ島・カウアイ島
6. ニュージーランド
7. ゴールドコースト・ケアンズ・ブリスベン
8. オーストラリア

2020年4月15日初版印刷
2020年5月1日初版発行
◎編集人…田中美穂
◎発行人…今井敏行
◎発行所…JTBパブリッシング
◎企画・編集
　海外情報事業部
◎取材・執筆・撮影
　平野美紀/日下智幸/南田登喜子/澤幸洋
　渡邊美穂/平野正洋/Middy Nakajima
　千葉征徳/徳田直大/浜登夏海
　南原陽子/濱田紗衣/重松莉那
◎編集・写真協力
　K&Bパブリッシャーズ
　松久保朱美/高橋慶(ワールドアベニュー)/佐々木理恵
　堤静世/波津久淳子/中村朋子/犬小屋
　JTBオセアニア　シドニー支店
　ニュー・サウス・ウエールズ州政府観光局
　©YOSHIHIRO TAKADA/SEBUN PHOTO
　　/amanaimages、
　©Paylessimages/Inc/amanaimages
　　JAMS.TV
　ゲッティ・イメージズ
◎表紙デザイン
　フェイキー
◎デザイン
　K&Bパブリッシャーズ
　扇谷デザイン事務所
　ナーゴ[大槻 歩・上川貴子]
◎地図
　マップデザイン研究室
　ジェイ・マップ
◎組版・印刷
　佐川印刷

JTBパブリッシング
〒162-8446 東京都新宿区払方町25-5
編集…03-6888-7878
販売…03-6888-7893
広告…03-6888-7833
https://jtbpublishing.co.jp/
おでかけ情報満載『るるぶ&more.』https://rurubu.jp/andmore/

本書の取材・編集にご協力いただきました
関係各位に厚く御礼申し上げます。